SBS 스페셜 체인져스

나도 돈 벌고 싶다

SBS 스페셜 체인저스

나도 돈 벌고 싶다

초판 1쇄 2021년 5월 5일
초판 2쇄 2021년 7월 1일

기획 SBS 시사교양본부
지은이 SBS 스페셜 제작팀 · 이큰별 PD
펴낸이 이혜숙
펴낸곳 (주)그린하우스

출판책임 권대홍
출판진행 황유리 · 이은정
원고구성 한차현
본문교정 허지혜
본문편집 그린하우스 디자인팀

등록 2019년 1월 1일 (110111-6989086)
주소 서울시 강남구 강남대로62길 3 한진빌딩 8층
전화 02-6969-8955
팩스 02-556-8477

Copyright ⓒ SBS
값 16,000원
ISBN 979-11-90419-29-1 03320

SBS 스페셜 어벤져스

나도 돈 벌고 싶다

SBS 스페셜 제작팀 · 이큰별 PD 지음

GREEN HOUSE

체인져스Changers : 혁신을 바탕으로 돈을 버는, 판을 바꾼 사람들이라는 뜻의 신조어.

기억을 더듬어봅니다.

어느새 입사 12년 차 교양 PD이며, 나이는 30대 중반을 넘어서고 있습니다. 그 시간 동안 어른들에게 숱하게 들어왔던 공통적인 문장이 있습니다.

"요즘 경기가 정말 안 좋아." "요새 같은 불경기가 없어." "지금처럼 힘들 때가 없었어."

억 억 소리를 내며 하염없이 치솟는 부동산 가격, 취업난과 고용 불안을 생각해보면 어른들의 말씀이 비단 틀린 것만은 아니라는 생각이 듭니다. 하지만 늘 궁금했던 것이 있습니다.

'모두가 어렵다고 말하는 요즘 시대에도 분명 누군가는 어디에선가 돈을 벌고 있을 텐데…… 대체 이 시대에 돈을 버는 사람들이 가진 비밀은 무엇일까?'

'SBS 스페셜'을 통해 방송된 〈체인져스 - 나도 돈 벌고 싶다〉 다큐멘터리는 위와 같은, 평소의 궁금증에서 시작되었습니다. 물려받은 재산으로 부유해진 자가 아닌, 바닥에서부터 시작해 부와 성과를 일궈낸 '체인져스'들의 비밀을 많은 이들과 공유하고 싶었습니다.

다큐멘터리를 제작하면서 다양한 청년들을 만났습니다. 취업의 높은 문턱에 좌절한 청년들, 그 좁은 문을 통과했지만 여전히 미래를 불안해하는 청년들이 있었습니다. 취업 대신 창업으로 눈을 돌리는 이들과 현재 직업을 갖고 있지만 직장이 본인의 인생을 보장해주진 않는다며 새로운 일을 찾는 것에 관심을 보이는 청년들도 있었습니다. 그리고 모두들 궁금해했습니다. '세상의 그 많다는 돈은 누가 어떻게 벌고 있는 것일까? 창업 아이디어는 어디에서 얻는 것일까? 창업을 한다고 해도 이후의 운영은 어떻게 해야 하는 것일까?'

'SBS 스페셜' 제작진은 이 모든 궁금증에 답하기 위하여 스타트업 투자 전문가들의 추천을 바탕으로 10여 명의 청년 CEO를 직접 만났습니다. 그리고 심층 인터뷰와 설문조사를 통해 이들의 돈 버는 비결과 독특한 관점, 노하우를 캐냈습니다. 어렵게 시간을 내준 청년 스타트업 CEO들을 장시간에 걸쳐 인터뷰했지만, 다큐멘터리의 한정된 방송 시간 내에 그 내용을 모두 담지 못했기에 내내 아쉬움이 있었습니다. 그러던 중 이렇게 《체인져스 - 나도 돈 벌고 싶다》라는 제목의 한 권의 책으로 숨겨진 이야기를 담아낼 수 있어 기쁘게 생각합니다.

"힘들다" "어렵다" "불경기다" 같은 상황에 머물며 그저 한숨만 내쉬고 있는 것이 아니라, 혁신과 아이디어를 바탕으로 돈을 버는 판을 바꾼 '체인져스'들의 진솔한 이야기가 스타트업이란 새로운 항해를 시작하는 많은 청년들에게 바람직한 지도가 될 수 있기를 희망합니다.

〈체인져스 – 나도 돈 벌고 싶다〉 다큐멘터리가 방송되고, 이 책이 세상에 나오기까지 얼마간 시간이 필요했습니다. 길지 않은 그 기간 사이에 다큐멘터리를 통해 소개된 '체인져스' 중 몇 분은 청년들의 아이콘 같은 인물이 되었습니다. 그리고 '스타트업 열풍'을 넘어 '파이어족과 밀레니얼 개미'로 대표되듯이, 요즘 청년들에게 '돈'은 더욱더 중요한 관심사가 되어가고 있습니다. 자본주의 시대를 살아가는 이 땅의 청년들이 건강한 방식으로 부를 이루고 욕망하는 것은 우리 사회가 응원해야 할 일이라고 생각합니다.

단군 이래로 가장 유능하며 가장 똑똑하지만 더 열심히 공부하고, 어느 세대보다 치열한 경쟁을 이겨내며 이미 '체인져스'와도 같은 삶을 살고 있는 오늘날의 청년들이 정당한 노력만으로도 충분한 부를 성취해낼 수 있는 세상을 꿈꿔봅니다.

– SBS 시사교양본부 이큰별 PD

체인져스, 출격!
당신의 관심사에 집중하라

아침이다.

자리에 누워 뒤척이다가 아주 잠깐 눈을 붙였는데, 그런 것 같은데, 벌써 아침 7시다. 새로운 하루다. 다시 시작이다. 잠기운을 떨쳐내며 서둘러 자리에서 일어선다. 우물쭈물하다가는 또 지각하고 말 것이다. 씻는 둥 마는 둥, 아침 식사를 하는 둥 마는 둥, 부랴부랴 집을 나선다. 그렇게 오늘이라는 일상이 시작된다. 정신없이 바쁜 하루가 다시 돌아간다.

2020년.

20대 대학 졸업자.

매일 아침 직장으로 향하는 1년차 직장인.

출근길은 활기로 가득하다. 버스 정류장마다 지하철역마다 바쁘게 오가는 사람들. 그 속에 섞여 부지런히 일터로 향하며 지금보다는 나을 미래를 어렴풋이 그려보곤 한다. 5년 후 나는 저들 속 어디쯤에 있을지 막연하게나마 상상해보곤 한다. 10년 뒤라면 경제적으로는 적어도 지금보다 훨씬 나은 환경에서 살고 있지 않을까 생각해보곤 한다.

그런데 어쩌면 '이 모든 게 헛된 꿈은 아닐까?'

20대 청년들이 진 빚을 모두 합하면 무려 59조 원이나 된다는 이야기. 경제 불안정과 고용 위축으로 청년 실업률이 증가할 것이라는 이야기. 갈수록 골이 깊어지는 양극화와 경기 침체에 관한 이야기. TV에서 인터넷 뉴스에서 떠들어대는 것들은 온통 우울한 소식들뿐이다. 회색빛 사연들을 매일같이 접하노라면 희망이, 젊은 가슴속에 뜨겁게 피어올라야 할 희망이 흐릿하게 퇴색해가는 느낌을 어쩔 수 없다.

매일 열심히 살려고 노력하지만 아침부터 돈 걱정으로 시작되곤 하는 우리의 일상. 힘겨운 경쟁을 이겨내고 취업에 성공했지만 그뿐, 자본주의 세상에서 살아가다 보면 좌절할 수밖에 없는 순간이 너무나 많다. 열심히 일해 월급을 받아도 따져보면 언제나 적자요, 텅 빈 지갑뿐이다.

이쯤에서 새삼 궁금증이 생긴다. 세상의 그 많은 돈은 도대체 누가 어떻게 버는 걸까?

───── **바로 지금, 단군 이래 가장 돈 벌기 좋은 시대**

마포에서 자영업을 하는 35세 주언규 씨. 인기 있는 유튜브 채널 운영자로, 창업 3년 만에 성공적인 경영을 이어가고 있는 인터넷 쇼핑몰 대표로, 잘나가는 스튜디오 체인점 운영자로 몸이 몇 개라도 모자를 만큼 바쁜 일상을 보내고 있는 그가 말한다.

"따지고 보면, 지금이 단군 이래 가장 돈 벌기 좋은 시대입니다."

다들 어렵다는 소리뿐인 요즘이, 먹고살기 빠듯해 죽겠다는 요즘이 돈 벌기 가장 좋은 시대라고? 도대체 무슨 근거로 하는 말일까?

• 온라인 쇼핑몰 판매자 분포

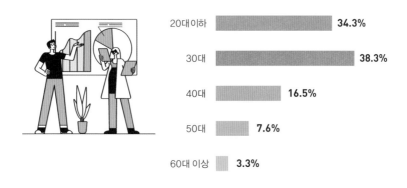

20대 이하	34.3%
30대	38.3%
40대	16.5%
50대	7.6%
60대 이상	3.3%

출처 : 서울대학교 경영학과 유병준 교수 연구팀, 2017

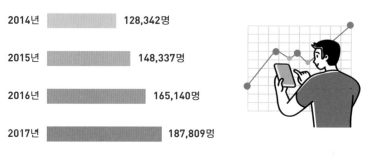

• 대한민국 통신판매업 사업자 인구

2014년	128,342명
2015년	148,337명
2016년	165,140명
2017년	187,809명

출처 : 국세청

청년 스타트업 창업자들의 숫자가 가히 국가적인 기세로 늘어나고 있다. 인터넷 쇼핑몰 사업자의 70%가 20~30대 청년 창업자라는 이야기는 더 이상 낯설지 않다. 대학생은 물론 고등학생까지 거침없이 쇼핑몰 창업에 뛰어드는 상황이다. 그뿐 아니다. 이른바 '평생직장'을 이야기하기 어려워진 시대를 맞으며 40대 직장인들도 퇴근 이후 세포마켓이나 SNS마켓을 운영하는 경우가 꾸준히 늘어나고 있다. 부업으로 쇼핑몰을 운영하는 사람들까지 늘어나면서 통신판매업 사업자 수는 매년 급증하고 있다.

우리는 자본주의 세상에서 살고 있다. 열심히 돈을 벌어 가치 있게 쓰는 일은 자본주의 사회 시민들에게 주어진 숙명이요, 삶의 또 다른 과제라고 해도 과언이 아니다. 그런 의미에서 청년 세대는 또 다른 형

중소벤처기업부의 자료에 의하면 해마다 30세 미만 신설법인 대표의 수가 증가하고 있다.

태로 자본주의 시대를 살아가고자 저마다 고군분투하고 있다고 볼 수 있다. 취업 대신 창업으로, 직장인 대신 청년 사업가로 그렇게 스스로 자신의 운명을 개척해 나가고 있다.

우리 시대 청년들이 유독 창업에 열광하고 스타트업에 관심을 보이는 이유는 무엇일까? 바로 그 대답에서 이 시대 '돈의 흐름'을 가늠할 유의미한 정보를 찾을 수 있을지도 모른다.

전문가들의 추천을 받아 스타트업 최전선에서 맹렬히 활약 중인 대표적인 20~30대 청년 사업가 여덟 명을 소개받았다. 그들의 인터뷰에서 이 시대를 살아가는 우리 모두가 자유로울 수 없는 질문의 해답을 찾아보자.

──── 창업 아이디어는 우리 주변에 얼마든지 있다

막연하게나마 스타트업을 생각하고 창업을 꿈꾸는 많은 이가 가장 빈번하게 막막함을 느끼는 지점, 바로 '어떤 사업을 벌일까?' 하는 문제일 것이다. 첫발을 떼기 전부터 벽에 부딪히는 것이다. 창업의 세계는 심해 속 미지의 세상과도 같다. 그만큼 광활하다. 그만큼 가능성이 무궁무진하다. 상상하는 것은 무엇이든 사업의 재료로 삼을 수 있다. 스마트폰이 대중화된 이후, 그 폭은 더욱 까마득하게 확대되는 중이다.

이미 확실한 사업 아이템을 거머쥐고 창업을 시작하려는 운 좋은 이들이 아니라면 난해한 고차 방정식으로 다가올 수밖에 없는 문제. 어떤 종류의 사업을 어떻게 시작할 것인가?

정유석 프레시코드 대표.

　　　　　　　　　　　　　　　　PART 01– 체인져스, 출격!

8인의 청년 창업자에게 이에 관해 물었다. 이들은 대부분 '자기 자신' 또는 '자신과 가까운 곳'에서 창업 아이디어를 발견했다고 입을 모았다. 위대한 것은 멀리 있지 않다. 의미 있는 무엇은 늘 가까이 숨어 있다. 가능성의 소박한 씨앗들은 바로 내 주변에, 얼마든지 찾을 수 있는 거리에 존재하고 있다.

"에어비앤비나 우버 같은 회사들이 굉장히 빠르게 성장하던 즈음이었어요. 그런 모습들을 보면서 덩달아 마음이 굉장히 많이 설레더라고요. IT가 굉장히 빠른 성장세를 만들어내는구나, 이게 내가 원하는 것이구나 싶었어요. 결국 생각했던 진로를 바꾸고 스타트업 시장에 뛰어들어서 IT와 관련된 일들을 개척하기 시작했습니다."

– 정유석 프레시코드 대표

"기업에서 많은 경험을 했지만 내가 주인공이라는 생각은 별로 안 들었어요. 내가 내 인생의 주인공이 되어서 내 삶을 주도적으로 살고 싶다는 것. 그것을 위한 여러 가지 방법 중 창업이 제게 가장 가깝게 와 닿았던 것 같아요."

– 최혁재 스푼라디오 대표

8인의 체인져스 가운데 단 둘뿐인 여성, 정지예 맘시터 대표와 김슬아 마켓컬리 대표. 두 사람 모두 가정과 사회라는 두 세계에서 누구 못지않은 초인적 역량을 발휘하는 슈퍼우먼들이다. 한편 두 사람 모두 공교롭게도 일과 가정을 성공적으로 양립해가는 과정에서 자연 발생한 '자기 자신을 위한 관심사와 필요'에 오랜 시간 집중한 끝에 관련 분야에서 창업한 경력자들이다. 성공의 이유로 '자신의 관심사에 깊이 널리 집중'했던 사실을 꼽은 것 또한 두 사람이 가진 공통점 중 하나다. 이들의 이야기를 들어보자.

나의 열망과 필요, 관심이
지금의 나를 만든다

정지예 맘시터 대표

한 아이의 엄마이자 베이비시터 중계 플랫폼인 맘시터 서비스를 운영하고 있는 맘편한세상 정지예 대표(34). 맘시터는 0~10세 아이를 키우는 부모가 등하원 도우미, 풀타임 시터, 놀이 시터, 학습 시터를 다양한 후보군 가운데 선택해서 구할 수 있는 서비스다.

정지예 대표는 2015년 12월부터 창업을 고민하기 시작하고, 이듬해 퇴직서를 냈다. 3월에 퇴직하고, 5월에 회사를 설립하고, 7월에 공동창업자를 모으고, 여러 방식의 테스트를 거친 끝에 2016년 9월 서비스를 론칭했다.

• 창업 전에는 어떤 일을 했나?

공대를 졸업하고 3년 반 정도 경영전략컨설팅 회사를 다녔다. 이직해서 1년 반 동안 패션 부문 대기업에서 빅데이터 기획을 담당했다.

경영전략컨설팅 회사에서는 사업 전략, 신사업 전략, 조직 포트폴리오 전략 등 대기업들이 고민하는 경영전략 문제를 해결해주는 컨설턴트 역할을 했다. 패션 대기업에서는 빅데이터를 응용, 패션 사업을 어떻게 하면 좀 더 효율적으로 운영할 수 있을지 고민하는 프로젝트를 담당했다. 수요 예측을 잘 해야 재고를 줄이고 비용을 절감할 수 있기 마련인데, 외부업체와 함께 생산량을 예측하는 프로젝트를 진행한 적도 있다. 패션 매장에서 고객들이 다니는 동선들을 분석, 레이아웃을 변경하는 작업을 맡기도 했다. 레이아웃을 변경한 결과, 매장의 평균 매출이 30%나 올랐다.

• 지금의 사업을 시작하고자 결심하고 회사에서 나왔다고 들었다. 결정적인 계기가 있었나?

—— 엄마 입장에서 경영하는 맘시터

5년 정도 사회생활을 했을 즈음이었다. 남들과 치열하게 경쟁하면서 살아가다 보니 어느덧 20대 후반이 되었다. 그런데 주변을 돌아보

정지예 맘시터 대표.

니 여자 선배나 여자 동료들이 별로 없었다. 30대 여성들이 일과 가정을 병행하는 게 이렇게 어려운 일인가 하는 생각이 들었다. 뭔가 대책을 세워야 할 것 같았다. 이를 적극적으로 타개할 방법이 무엇일까 고민한 끝에 사업 쪽으로 눈을 돌리게 되었다.

- 대기업인 직장을 포기한다는 게 굉장히 어려운 결정이었을 것 같다.

그런 말을 하는 사람이 많다. 그런데 사실 대기업에 다니는 것이 더 불안정하고 어려운 상황이었다. 대기업이라는 큰 조직 안에서 내가 맡은 것은 정말 작은 부분이었다. 세상이 얼마나 빠르게 변하나. 자고 일어나면 새로운 서비스가 생기고 새로운 기술이 도입된다. 그런 변화에 적응해 나가는 데는 오히려 대기업이 훨씬 더 취약하다는 것을 종종 느꼈다. 향후 1~2년, 길게 보면 5년 정도는 대기업에 남아 버티는게 안정적일 수도 있었을 것이다. 그러나 10년, 20년을 바라볼 때 큰조직에서 제한적인 역할만 수행하는 게 더 불안정하다고 생각했다. 그렇게 생각하니 회사를 그만두고 나오는 게 그다지 큰 리스크로 여겨지지 않았다.

- 오히려 사업을 하는 것이 대기업에서 직장 생활을 하는 것보다 안정적이라고 판단한 건가?

―― 컨트롤할 수 있는 리스크는 기회다

그렇다. 확률적으로는 사업이 리스크가 더 높다고 볼 수 있지만, 그 리스크를 내가 컨트롤할 수 있다는 점이 중요하다고 판단했다. 건방진 소리 같지만, 대기업의 경우 사업적인 리스크 판단이나 각종 의사결정 과정에서 내가 원하는 대로 할 수 없는 부분이 굉장히 많았다. 실무자로서 보기에 명백히 잘못된 결정이 내려져도 어쩔 수 없이 쳐다보기만 해야 하는 때가 없지 않았다. 작은 사업체라도 직접 시작한다면 그런 점에서 더 정확하고 빠른 판단과 경영 컨트롤이 가능해질 테고, 나아가 생존에 더 유리한 측면이 있지 않을까 하는 계산이었다.

• 하지만 다른 측면으로 볼 때 대기업은 무조건 참고 버티면 되지 않나? 이른바 '존버.'

첫째, 요즘은 우리 부모 세대처럼 대기업에서 어느 정도 정년을 보장 받으면서 마음 편하게 직장 생활을 할 수 있는 환경이 절대 아니다. 여러 대기업들을 대상으로 컨설팅 일을 하면서 직접 몸으로 겪은 사실이다. 옆에서 같이 일하던 선배가 다음 날 갑자기 안 나오는 상황도 허다했다.

둘째, 외국계 기업이나 국내 대기업에서 월급쟁이로 20~30년 일한들, 그래서 상무나 전무가 된다 한들 과연 행복할까? 그 위치에서, 그런 상황에서, 계속 그 일을 한다고 과연 행복할까? '존버'할 수는 있지만 '존버'한다고 좋은 결과가 있을 거라고 말하기는 굉장히 어렵다. 게다가 나 스스로 행복하지 않을 거라는 판단이 섰다.

정년도 문제다. 대기업 정년이 늘어난다고는 하는데, 임원들은 사실상 계약직이기 때문에 실력 있는 분들도 '한칼에 나가는' 경우가 굉장히 많다. 40대 후반이나 50대 초반 만년부장이나 상무 같은 경우, 윗분들이 원하는 성과를 내지 못하면 바로 쫓겨나는 것도 많이 봐왔다. 아무리 열심히 일해도 정치적 상황이나 구조들 때문에 정리되고 마는 경우도 많다.

자녀 출산과 양육으로 인한 여성의 경력 단절은 점차 늘어나고 있는 추세다.

• 직장 여성들이 출산 후 일을 그만두는 이유

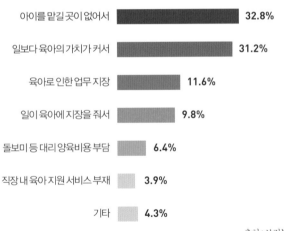

• 창업을 선택한 더 구체적인 상황이 있다고 들었다.

── 여자 화장실에서 우는 직원들

여성으로서 일과 가정을 성공적으로 양립해 나가는 것은 나 자신에게 굉장히 중요한 미션이었다. 20대 때 치열하게 보람차게 살아가며 경력을 쌓고, 내가 원하는 것을 이뤄내고, 같이 일하는 사람들과 행복을 나누는 것. 그런가 하면 결혼해서 가정을 꾸리고 예쁜 아이를 낳아 키우는 것. 이 둘 모두 버릴 수 없는 개인적 소망이었다. 그런데 직장 생활을 하면서 이 두 가지 가치를 모두 잡는 것은 어려울 것 같았다. 다른 여성 직원들을 지켜본 결과, 그런 판단이 들었다.

창업을 결심한 이유의 절반 이상이 그 때문이었다. 창업자가 되면 아무래도 내가 내 일상을 충분히 컨트롤할 수 있지 않을까? 내가 그런 조직 문화를 만들면 나와 함께할 직원들도 일과 가정을 모두 살리는 문화적 혜택을 볼 수 있지 않을까? 무엇보다 내가 구현하려는 서비스 자체를 통해 엄마 아빠들의 워킹 라이프 밸런스를 맞출 수 있지 않을까? 이런 생각이 들었다.

3년 반 동안 다녔던 회사는 매일 아침 9시에 출근해서 웬만하면 새벽 2~3시에 일이 끝나는 엄청난 곳이었다. 주중에는 가정에서 시간을 보내는 것이 거의 불가능했기에 주말에나 잠깐 아이와 시간을 보내는 정도의 생활을 하는 직원들이 많았다. 그게 힘들고 싫어서 이직을 결심했다. 새로 옮긴 직장은 9시 출근, 6시 퇴근을 중시하는, 워킹맘에게 나름 신경을 써주는 회사였다. 그러나 어려운 건 여전했다. 여자 화장실에 있다 보면 전화기 붙들고 우는 직원들의 목소리를 하루에 한 번은 꼭 들었다.

"선생님 너무 죄송해요. 제가 아기를 픽업해야 하는데, 오늘도 늦을 거 같네요. 어떡하죠?"

"어머니, 애가 아픈데 잠깐만 가주실 수 있으세요?"

직장 생활을 하다 보니 왠지 아이를 제대로 못 키우고 있는 것 같았고, 아이는 아이대로 힘들어 하는 것 같았고, 주변 사람들까지 덩달아 성가시게 하는 것 같았다. 여성 직장인으로서의 힘겨운 상황들이 반복되는 것, 그게 정말 힘들었다.

• 그런 문제를 해결하려면 결국 사업밖에 없겠다고 판단했나?

회사에서 누구보다 열심히 일해 여성 임원이 되면 조직 문화를 바꿀 수 있을 거라는 생각도 해봤다. 아니면 행정가가 되어서 국가적으로 이런 문제를 해결하는 정책을 뿌리내리게 할 수도 있겠다는 생각도 했다. 하지만 좀 더 빨리, 좀 더 효과적으로, 좀 더 많은 사람들을 도우려면 사업이 가장 적합한 방법일 것 같았다.

그래서 시작한 것이 베이비시터 구인구직 플랫폼 운영이었다. '아이 돌봄 도움'이 필요한 부모들이 인터넷이나 앱상에서 돌보미(시터)의 프로필, 후기 정보, 각종 인터뷰 영상을 확인한 뒤 직접 선택할 수 있는 시스템이다.

• 동종 업체가 많을 텐데, 차이점이 있을까?

—— 시장 세분화, 입소문, 비용 현실화로 시장의 벽을 뚫다

첫째, 아이 돌봄이 필요한 부모들의 상황들은 제각각 다양하지 않은가. 어떤 엄마 아빠는 새벽에 출근한다. 주말에 출근하는 경우도 있다. 돌봄이 필요한 아이가 한 살일 수도 있고 일곱 살일 수도 있다. 내성적인 아이도 있고 엄청나게 활발한 아이도 있다. 이처럼 아이 돌보미의 '업무 영역'이 가정마다 세분화되어 있는 게 이 시장의 특징이다. 이렇게 방대하고 복합적으로 세분화되어 있는 시장은 무엇보다 다양한 공급자가 있어야 수요가 충족될 수 있다. 그래서 플랫폼 형태의 운영을 선택했다. 현재 곧바로 활동 가능한 시터가 전국적으로 7만 5,000명가량 된다. 누적 회원 가입 수는 20만 명. 업계 최대 숫자다. 덕분에 다양한 옵션이 가능하다.

둘째, 아이를 돌보는 역량은 기계적으로나 수치적으로 판단하기 어려운 분야다. 좋은 대학을 나왔다고 해서, 신원이 확실하다고 해서 아이를 더 잘 돌볼 수 있는 게 아니다. 시터가 예전에 일했던 집의 채용 평가 후기와 인터뷰 등이 부모의 현명한 판단을 돕는 결정적인 정보가

된다. 이를 위해 맘시터는 질적으로 뛰어난 후기 정보가 더 많이 쌓이도록 유도하는 시스템을 운영하고 있다. 최근에는 하루에 200건 넘는 후기들이 쌓이는 추세다. 이를 바탕으로 부모들은 믿고 맡길 시터를 선택하는 게 더 쉬워졌다. 또한 시터들도 믿고 맡을 일자리를 찾을 수 있는 플랫폼으로 자리를 굳혀가고 있다.

셋째, 우리나라 아이 돌봄 시장의 가장 큰 문제는 비용이다. 기존에 50~60대 '이모님'과 조선족 출신 시터들은 한 달에 200만~250만 원 정도를 받았다. 신생아 때는 하루 종일 도움이 필요하니 그 정도 비용을 이해할 수 있다. 그러나 아이가 유치원이나 초등학교에 다닐 나이가 되면 하루 3~4시간 정도의 돌봄이 필요한데도 기존 시터들을 붙잡기 위해 비슷한 액수를 지불해야 되는 상황이었다. 그런데 아이를 맡겨야 하는 엄마들, 즉 30대 여성의 월평균 임금은 채 300만 원이 안 된다.

2017년 기준으로 267만 원이다. 힘들게 직장 생활을 해서 번 돈이 고스란히 돌봄 서비스 비용으로 지불되는 상황이다 보니 결국 회사를 그만두고 경력 단절을 겪는 여성들이 적지 않은 상황이다.

이에 대한 해결책을 모색하다 보니, 결국 상황에 따라 단시간 돌봄을 부탁하고 그에 합당한 비용을 치르는 환경이 조성되어야 한다는 데 생각이 미쳤다. 이를 당연하게 받아들일 시터와 부모들을 모아야 했다. 이런 문제는 이를 수익모델 구조상의 효과로 풀어 나갔다.

- 공익적인 목적이자 개인적인 이유로 사업을 구상하고 시작한 셈이다.

—— 남자친구의 조언 "해야 한다고 생각하는 일을 할 때"

내 나이 29살 때 처음 이 사업을 구상했다. 서른 살이 된다고 생각하니 막연히 두려웠다. 곧 시작될 나의 30대를 더욱 가치 있게 살아가기 위해서는 이런 서비스가 꼭 있어야 한다고 믿었다. 나의 30대뿐 아니라 비슷한 처지에 놓인 내 동료와 친구와 선후배의 30대와 40대를 위해서도.

개인적으로 30대가 되면 결혼과 출산과 육아라는 삶의 새로운 경험들을 하게 되리라 믿었고, 또한 계획했다. 사회적으로는 그간 쌓아온 직장 생활의 경험과 경력을 바탕으로 더 성장하고 싶은 욕심도 있었다.

결과적으로 그렇게 창업해서 플랫폼을 만들어 성공시켰다. 더불어 현재의 나 또한 이 서비스를 감사하는 마음으로 이용하고 있다.

사실 사업을 구상할 때는 아직 결혼하지 않은 싱글이었다. 사업 때문에 고민하던 당시 지금은 남편이 된 남자친구가 "네가 정말 해야 한다고 생각하는 일을 할 때인 것 같다"고 조언해주었다. 진심어린 조언에 더욱 용기를 낼 수 있었다. 지금 우리 둘은 19개월 된 아이를 키우고 있다.

• 전 직장에서의 업무 경력에 비춰볼 때 창업하려는 사업에 경쟁력이 있겠다는 판단이 들었나?

일단, 수많은 맞벌이 부모의 공통적인 페인 포인트Pain Point에 주목했다. 시터를 구하는 데 있어 이런저런 불만과 불안들이 엄청났다. 수요 자체는 아주 많을 것 같았다. 결국은 그 수요를 어떻게 충족시킬 수 있느냐가 문제였다. 이를 위해 적극적으로 시장조사를 했다. 서비스 개요를 구상하기에 앞서 거리로 나섰다. 모자를 푹 눌러쓰고 대학교를 돌며 전단지를 붙였다. 그렇게 200명가량의 시터를 모집했다. 이 시터들과 지역 부모들을 연결시켜주었다. 수요와 공급을 매칭시키기 위해 구글 설문지를 적극 활용했다. 베타 테스트를 위해 직접 베이비시터로 일해보기도 했다. 아이를 키워본 경험이 전혀 없었을 때인데, 베이비시터를 하며 많은 사업적인 아이디어를 얻을 수 있었다.

반응은 좋았다. '대학생을 어떻게 믿고 맡기나' 하는 걱정 어린 시선도 일부 있었지만 '큰언니나 누나 같은 대학생이 시터로 와서 책도 읽어주고 같이 블록 놀이도 해주면 좋을 것 같다'는 엄마들이 더 많았다. 초기에는 하루에 두세 번 정도 요청이 들어왔다. 그때는 전화로 요청을 받았다. 이후에는 알맞은 시터의 프로필을 몇 개 보내고 그중 마음에 드는 시터의 연락처를 알려주는 구조로 진행했다.

── '젊은 피' 학생들을 시터로

사전 테스트를 해보니 더욱 자신이 붙었다. 워낙 수요량이 많아서 공급 풀을 충분히 갖추고 기본적인 상황들만 잘 체크하면 제대로 굴러가겠다는 판단이 섰다. 몇 차례 테스트를 해서 우리가 세운 가설이 어느 부분까지 맞고 어느 부분부터 맞지 않는지 확인했다. 이 데이터를 바탕으로 더욱 완벽한 서비스를 구조화해서 마침내 론칭했다. 처음 1년 동안은 대학생 위주로 운영했다. 그 뒤로는 보육교사 자격증이 있는 사람, 아이 키워본 엄마들, 취업 준비생까지 다양하게 인재 풀을 늘려가며 사업을 확장했다.

현재 7만 5,000명의 회원 가운데 20대 시터가 50% 정도 된다. 다음으로 보육교사 자격증이 있고 자녀가 초등학생 정도 되어서 소일거리를 찾는 30~40대 시터가 큰 비중을 차지한다. 반면에 50~60대 이상 시터는 상대적으로 적은 편이다.

(대학생 들보미들은) 학교에 다니고 있기 때문에 소속이 명확하고
또 학습이나 교육적으로는 더 강점이 있고

- 직장 생활을 그만두자마자 바로 창업에 뛰어들었다. 피부로
  느껴지는 차이가 상당했을 것 같다.

수입원이 없어지면서 생활 수준이 확 낮아졌다. 좋아하던 커피 전
문점도 못 가고 택시 대신 버스나 지하철만 타야 했다. 하지만 불행하
다는 생각은 전혀 들지 않았다. 설렜다. 업무적인 스트레스는 당연히
있었지만 내가 결국 문제를 풀어낼 거고, 그러면 진짜 내가 생각하는
세상이 시작될 거라 믿었다. 그런 자신감이 있었다.

주변 사람들에게 사업할 거라고 이야기하면 100에 99는 하지 말
라고 말렸다.

"그런 거 했다가 망한 사람 여럿 봤어. 요새 사람 찾는 일이 얼마
나 어려운지 몰라?"

"왜 좋은 직장 놔두고 험지에 뛰어들려고 그래? 요새 투자 시장 별로 안 좋다."

섭섭하기도 했지만 당연한 반응이었다. 사실 내가 구상한 사업 모델 자체가 여태 시도된 바 없는 날것이기도 했다. 다시 말해 전혀 검증된 바 없었다. 주변 사람들이 걱정스러워하는 것은 어찌 보면 당연한 반응이었다.

내가 생각하는 모델이 딱 정해져 있었다면, 꼭 이것으로 가야만 하는 상황이었다면 오히려 자신감을 갖기 힘들었을 것이다. 다행히 상황은 그와 달랐다. '이 모델이 아니면 좀 바꿔서 해보지 뭐. 위에서 뭐라고 하는 사람도 없으니 조바심 낼 필요 없어. 천천히 고민하다 보면 다른 좋은 방법을 생각해낼 수 있을 거야.' 그렇게 힘을 낼 수 있었다.

시행착오도 많았다. 가장 어려웠던 부분은 뜻밖에 직원 문제였다. 우리 사업 역량과 잘 맞는 사람을 뽑고, 그 사람을 우리 팀에 잘 적응시키고, 같은 꿈을 꾸게 하는 것. 그것은 결코 쉬운 일이 아니었다. 공동창업자를 찾는 것도 이만저만 힘겨운 과정이 아니었다. 그 스트레스는 마치 맞선을 보는 것과 비슷했다. 도합 100여 명에게 메일을 보내고, 그 가운데 20여 명을 만나 커피를 마시고, 그중 3명과 직접 일하면서 합을 맞춰 보다 결국 공동창업자를 찾았다. 그때가 가장 힘들었다.

• 사업을 시작하면서 힘들었던 일이 그밖에도 한두 가지가 아니었을 것 같다.

사업 자체를 정확하게 이해하지 못했던 것 같다. 내가 구상하는 서비스를 만들고 고객들에게 좋은 모습으로 제공하는 것, 처음에는 그런 식으로만 생각했다. 그러나 사업이라는 건 그밖에도 더 중요한 부분이 많았다.

── 조직이 사업이다

조직을 만들고, 조직 문화를 일구고, 프로세스를 만들고, 규칙을 정하고, 인사 체계를 세워 사람들을 뽑고, 마케팅을 하고, 재무를 하고, 세무를 하고, 고객 관리를 하고, 개발을 하고…… 사업에 이렇게 굉장히 다양한 영역들이 있다는 것을 알게 됐다. 내 모자람을 알게 되었을 때 참 힘들었다. 결국 같이할 사람을 찾는 것, 같이할 조직을 만들어내는 게 가장 중요하고 어려운 핵심 같다.

어쨌거나 사업은 나 혼자 할 수 있는 게 아니다. 같이 한마음을 갖고, 같이 어떤 일을 해 나갈 수 있는 조직을 만드는 것이 결국은 사업 아닌가 싶다. 어떤 식으로 조직을 설계하고 만들어 나가야 좋을지 앞으로도 고민은 계속될 것이다.

• 조직 문제를 대단히 강조하는 것 같다.

굉장히 중요한 문제다. 그게 사업의 거의 전부라고 생각한다. 어떤 상품, 어떤 서비스를 아주 훌륭하게 만들었더라도 조직에서 약간 실수를 했다가는 상품이나 서비스를 개발한 의미 자체가 없어질 수도 있다. 팀을 만드는 것은 어떤 면에서 사업의 절반 이상이라고 생각한다.

- 이제 막 스타트업을 시작하려는 이들에게 소중한 조언 한마디 부탁한다.

─ 창업, 철저히 분석하라, 치열히 고민하라

어떤 사회적 문제를 해결하기 위해 세상에 어떤 모델을 내놓고 그것이 유의미하게 쓰일 수 있도록 지속적으로 도전하는 것. 여전히 가치 있고 나로서도 늘 뿌듯하고 행복한 일이다. 그런데 사업이라는 게, 이 사회에서 경쟁한다는 게, 생각보다 녹록지 않다는 것을 매번 실감한다. 생각지 못했던 변수가 굉장히 많다. 뜻밖의 문제와 이슈도 갑자기 튀어나오곤 한다.

무모하게 도전했다가는 크게 상처받을 수 있다. 5년 동안 직장 생활을 하면서 사회에 대해 꽤 많이 배웠다고 생각했다. 그러나 사업을 시작하면서 내 무지와 무능력(?)을 연일 실감하는 중이다. 겸손해지려 노력하는 중이다. 책도 많이 읽고, 사람들에게 많이 묻고, 많이 궁리하면서 나는 여전히 성장하는 중이다.

스타트업에 관심이 있다면 되도록 꼼꼼하게 철저하게 분석하고 고민하기 바란다. 준비가 철저할수록 성공률은 높아지고 버려지는 돈은 적어진다.

• 매출을 물어봐도 괜찮나?

2018년에 2억 5,000만 원 정도를 올렸다. 사업을 시작한 지 2년 정도 된 시점이었다. 2019년에는 10억 원 정도로 4배 성장할 것을 목표로 잡았다. 아직은 나가는 비용이 더 많다.

• 1년 사이에 4배나 성장한 건가?

── 공급이 수요의 두 배

맘시터의 경우, 시터 회원의 숫자가 곧 서비스의 상품 숫자다. 다시 말해, 부모들이 선택할 수 있는 상품 숫자로, 이는 아주 중요한 핵심적인 지표다. 2018년 10월 활성 시터 수, 즉 '지금 내가 고를 수 있는 시터 수'가 1만 명이 조금 넘었는데 지금은 7만 5,000명 정도 된다. 7배 성장한 셈이다. 가입자 수는 누적 30만 명. 부모 회원이 10만 명이고 시터 회원이 20만 명이다. 공급이 수요보다 2배 많으니 더 큰 선택권 안에서 널리 고를 수 있는 구조다. 작년에는 누적 회원 수가 12만 명으로 거의 3배 늘어났다.

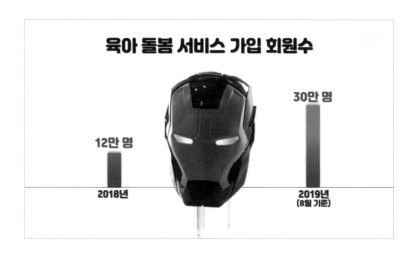

육아 돌봄 서비스 가입 회원수

12만 명
2018년

30만 명
2019년
(8월 기준)

• 광고를 따로 하는지.

디지털 마케팅 광고를 집행하고 있다. 인스타그램이나 포털사이트를 통해서 아이 키우는 부모에게 더 많이 노출되도록 홍보 전략을 꾸리고 있는데, 회사 상황에 맞춰 집행 중이다. 디지털 광고보다는 직접 써본 이들이 입소문으로 추천하는 게 훨씬 효과가 좋다. 다행스럽게도 소비자들의 입소문 덕에 서비스 성장 속도가 점점 더 빨라지고 있다.

• 마지막 질문이다. 앞으로 10년 뒤의 계획은?

꿈을 묻는 거라면, 개인적으로나 사업적으로나 우리나라의 여성

경제 참여율이 OECD 평균 수준으로 높아지기를 꿈꾼다. OECD 평균
은 61%, 한국은 57.2%, 나라 위상에 비해 여성의 경제 참여율이 너무
낮은 거 아닌가?

맘시터 서비스의 비전은 한마디로 '아이를 키우는 부모도, 아이를
좋아하는 시터도 누구나 좋아하는 일을 할 수 있도록' 돕는 것이다. 특
히 우리나라처럼 육아에 지나치게 큰 부담을 안고 살아가는 여성, 엄마
들이 마음껏 자신의 일에 도전하고 꿈을 이룰 수 있도록 더 널리 도움
을 주고 싶다.

보편적인 가치에 주목한다면
길이 보인다

김슬아 마켓컬리 대표

온라인을 통해 좋은 식료품을 판매하는 마켓컬리 대표 김슬아다. 1983년생, 38살이다.

• 마켓컬리만의 독특한 사업 구조에 대해 간단한 설명 부탁드린다.

2015년 출범한 마켓컬리는 고객이 원하는 식료품을 최상의 상태로 배송하기 위해 주 7일 새벽배송을 처음 시작한 기업이다. 고객이 밤 11시까지 주문하면 다음 날 아침 7시 전까지 배송해주는 샛별배송 서비스를 제공하고 있다. 생산부터 입고, 분류, 배송까지 유통 전 과정을 일정 온도로 유지하는 풀 콜드 체인Full Cold Chain 시스템을 국내에서 유일하게 구축했다. 매주 열리는 상품위원회에서 가격부터 품질까지 70여 개의 까다로운 기준을 통과한 제품만이 고객의 선택을 받을 수 있다.

── 생산품을 먼저 매입해서 판매, 유통까지

기존 온라인 식품유통업과 다른 점이라면, 생산자들에게서 모든 재고, 즉 생산품을 매입한다는 점을 들 수 있다. 덕분에 생산자들은 '고생해서 생산한 내 상품이 팔릴지 안 팔릴지' 걱정하지 않아도 된다. 유통기한이 존재하고 재고 관리가 까다로운 식료품의 특성상 늘 따라붙는 걱정을 덜고 생산에만 집중할 수 있는 것이다. 생산품을 모두 매입하는 방식은 소비자에게도 이롭다. 매입한 식료품을 기존 물류가 아니라 직접 구축한 신선 냉장 물류 시스템을 통해 배송하기 때문에 품질이나 배송되는 동안의 신선도 문제를 걱정할 필요가 없다.

마켓컬리가 생각하는 장기적인 비전은 고객과 생산자, 마켓컬리가 모두 상생하는 선순환 구조를 바탕으로 오랫동안 지속 가능한 유통 구조를 만들어내는 것이다. 고객은 믿을 수 있는 상품과 좋은 서비스를 제공받고, 공급사는 뛰어난 품질의 상품을 제공할 수 있는 납품 가격과

판로를 확보하며, 마켓컬리는 적정한 이윤을 취하는 등 모두가 이익을 볼 수 있는, 그것이 우리가 지향하는 궁극적 모델이다.

• 처음에 사업 아이디어는 어떻게 떠올랐나?

나 자신부터가 '니즈가 유별나게 많은 소비자' 가운데 한 명이었다. 창업을 앞두고 있던 당시, 32살의 나는 막 결혼한 신혼이었다. 살림을 하다 보니 장 볼 일이 많아졌다. 무엇보다 저렴하고 좋은 식료품을 구매하는 데 신경이 많이 쓰였다. 그런데 주부로서 좋은 농수산 식품들을 걱정하지 않고 구매하는 것은 말처럼 쉬운 일이 아니었다. 야채 고를 때는 무엇을 주의해서 봐야 하고, 과일 고를 때는 무엇을 주의해서 봐야 하며, 생선이나 고기 고를 때는 무엇을 주의해서 봐야 하는지 어렵

김슬아 마켓컬리 대표.

기만 했다. 게다가 직장 생활을 겸하다 보니 회사에서 퇴근한 뒤 마트에 가서 식료품을 고르는 일이 육체적으로나 정신적으로 참 힘들었다.

'회사 일 하랴 살림하랴 신경 쓸 일 많아 죽겠는데, 나 대신에 누군가 알아서 좋은 상품을 딱 골라서 집 앞까지 배달해주면 편하고 얼마나 좋을까.' 이런 생각이 절로 들었다. 그런데 나와 비슷한 생각을 가진 사람들이 주변에 적지 않다는 것을 깨달았다. 적어도 어느 정도 수요는 있겠구나, 그런 판단으로 창업을 준비하고 실행에 옮겼다.

• '적어도 어느 정도 수요' 라면?

그때만 해도 이렇게까지 사업이 커지리라고는 예측하지 못했던 것이 사실이다. 수요예측이 잘못되었던 셈이다. 요즘 들어 외부에서 '회사가 이렇게 커졌는데 그 비결이 뭐냐'고 묻는 사람들이 많다. 나 역시 그 부분이 제일 신기하다. 큰 욕심 없이 시작했다. 사업을 진행하면서도 매일매일 뭔가 새롭게 열심히 해야 한다고 채찍질했을 뿐이다. '언제까지 얼마나 어느 정도로 키워야겠다'는 생각 같은 것은 해본 적 없었다.

• 사내에 상품위원회 팀이 있어서 매주 금요일이면 음식을 시식한다고 들었다.

마켓컬리만의 전통이다. 창업할 때 이것만은 꼭 지키겠다고 한 게 있다. '우리가 먹어본 음식, 우리가 구입할 것 같은 음식만 팔겠다'는 약속이다.

── 매주 200개, 3만 가지 넘는 음식을 시식하다

마켓컬리에서 팔리는 음식은 모두 다 상품위원회를 거친다. 그러다 보니 매주 200가지 음식을 먹어야 한다. 나 역시 지금까지 3만 가지가 넘는 음식을 먹어봤다. 그중 마켓컬리에서 취급된 식료품은 7,000가지 정도 된다.

창업하기 전에 8년 동안 직장 생활을 했다. 평범한 직장인이던 나를 보고 동료들이 입을 모아 내린 평이 딱 하나 있다. "김슬아, 먹는 거

진짜 좋아한다." 거기에 집중했다. 먹는 거 좋아하는 사람이 세상에 나 한 명뿐일까.

• 하루 평균 수면 시간은 어떻게 되나?

주말에는 좀 많이 자고, 주중에는 한 다섯 시간 정도 자는 거 같다. 평일에는 6시 반쯤 일어난다. 그래야 한다. 왜냐하면 매일 7시에 모든 상품의 배송을 완료해야 하기 때문이다. 아침 7시 전에 물류센터에서 "어젯밤 포장에서 어떤 문제가 있었고 배송에는 또 어떤 문제가 있었다" 같은 내용의 이메일을 보내는데, 그걸 확인해서 해결해야 한다.

• 첫 창업인데, 시작하면서 두려움 같은 것은 없었나?

학생 때 정치학을 전공했다. 전공 자체가 인문학에 가깝다 보니 더 많이 배울 수 있는 곳에 취업하고 싶어 미국의 유명한 투자은행 골드만삭스에 입사했다. 수억 원대 연봉도 받아봤다. 그런데 뭔가 회의적이었다. 별로 배울 게 없다는 생각이 들었다. 하고 싶은 일을 찾아 과감하게 퇴직하고 창업에 뛰어들었다.

망하면 어떡하지? 그런 부담은 별로 없었다. 성격이 원래 걱정이 별로 없는 편이기도 하다. 설마 굶겠냐 하는 생각도 했다. 창업에 실패하면 속은 좀 쓰리겠지만 그래도 얻는 게 훨씬 클 거라고 판단했다.

막 30대에 접어들었고, 결혼을 했고, 애를 낳아야 하나 마나 남편과 많은 이야기를 할 때였다. 남아 있는 생이 너무 긴데, 그동안 내내 회사만 다녀서는 내가 배울 수 있는 데 한계가 있으리라고 생각했다. 조금이라도 젊을 때 도전해야 한다고 생각했다. 언젠가 나도 부모가 될 텐데, 내 아이가 클 때쯤이면 세상이 너무 많이 바뀔 것이고, 그즈음이면 내가 알고 있는 모든 것이 아이에게는 별 의미 없어질 것 같았다. 급변하는 세상 속에서 '뭔가 배워야겠다'는 욕구가 굉장히 컸다.

사업을 시작하면서 전 직장에서 경험하지 못했던 여러 가지 요소들, 요컨대 모바일이라는 특수 환경에서의 경영 방식 등에 대해 많이 접하고 배웠다. 고객에게 보다 좋은 서비스를 제공할 수 있는 신기술들에 대해서도 훨씬 더 민감해졌다. 또한 전 직장에 비해 훨씬 더 젊은 사람들과 일하게 됐는데, 그것도 나에게는 아주 좋은 기회였다.

- 결혼하고 일터에서 퇴근해 시장을 봐야 하는 고단함 때문에 창업을 시작했다고 했는데, 모든 사람이 '이 문제를 해결하기 위해서 직장을 때려치우고 창업하겠어'라고 결심하는 건 아니지 않나?

── 생산자와 소비자, 모두에게 필요한 사업 모델

그런 니즈가 쌓이면서 창업 욕심이 커진 게 마켓컬리를 구상하게 된 첫 번째 이유이긴 하다. 그런데 사업을 준비하다 보면 수요 조사를 하게 될 것 아닌가. 당연히 고객층이 있어야 하고, 좋은 물건을 공급해줄 생산자들이 있어야 한다. 양쪽 모두와 부지런히 인터뷰를 진행하면서 '이것이 모두에게 필요한 사업 모델이겠구나'라는 확신이 점점 더 커졌다.

요컨대 생산자인 농민들과 이야기해보면, "물건은 진짜 좋은데 팔데가 없다"는 것이 100명이면 100명 모두 하는 이야기였다. 어제오늘 이야기가 아닌 것 같은데, 왜 아직 아무도 이 문제를 해결하지 못하고 있는 건지 알 수 없었다. 나 역시 사업자 입장(과 더불어 소비자 입장)에서 농촌에 가보면, 안타까운 마음이 절로 들었다. '이런 좋은 물건을 이런 싱싱한 상태와 이런 적절한 가격으로 동네 슈퍼마켓에서 자주 만날 수 있다면 얼마나 좋을까. 그러면 장 보는 재미가 더 커질 텐데. 아깝다. 참 아깝다.' 이런 생각이 들었다.

주변의 동료와 친구들이 나더러 "먹는 것에 목숨 거는 사람"이라고 들 하는데, 딱 그 지점과 관련된 고민이 찾아온 것이다. 그래서 떠올린 것이 물류였다. 우리가 매입하면 된다. 우리가 신선하게 저장 관리하다가 필요한 소비자에게 전달하면 된다.

주변에서 안 된다는 소리를 엄청나게 해대기 시작했다. 진짜 안 될까? 되는지 안 되는지 한번 해볼까?

• 생산자와 소비자 모두가, 더불어 중간에 판매하는 입장까지 모두 상생하는 구조를 처음부터 생각했던 것인가?

── 얄팍한 이익에 현혹되지 말기

맞다. 생태계의 원칙이나 마찬가지다. 한쪽은 끊임없이 피해를 보고 한쪽은 끊임없이 이득을 보는 구조는 사실상 지속 가능하지 않다. 마켓컬리를 운영하면서 우리는 우리를 통해 물건을 구매하는 고객들과 거의 함께 생활하는 입장이 되곤 한다. 매일 구매 숫자가 늘어나고, 고객 후기나 상품 문의가 게시판에 피드백으로 올라오고, 고객센터로 쉴 새 없이 전화가 오니 말이다.

또한 우리와 지속적인 관계를 가지면서도 자신의 자리에서 묵묵히 자기 일에 열중하는 이들이 있다. 바로 생산자들이다. 우리 업체와 계속 거래하는 농업인이 있다. 케일 농사를 짓는 분이다. 나와 알게 된 지는 7년 정도 됐다. 마켓컬리를 운영하는 5년 동안 계속 관계를 유지해 온 사이다. 그런데 지금까지 전화 통화를 모두 합쳐 세 번인가 한 것 같다. 세 번밖에 통화를 안 했다고 해서 중요하지 않은 파트너는 절대 아니다.

나는 이런 생산자들에 대해 계속 생각하지 않을 수 없다. 생산자들을 어떻게 대접해야 가장 좋은 상품을 생산하는 데 집중할 수 있을까 고민하지 않을 수 없다. 그러지 않았다가는 언젠가 좋지 않은 변화가 찾아올 수밖에 없다. 이는 우리나 고객 모두에게 좋지 않은 결과일 것이다.

• 경영 철학과도 관계 있는 말 같다.

불합리한 구조로 가지 않도록, 균형 잡힌 구조가 유지되도록 경영자로서 욕심을 낼 뿐이다. 일반적으로 이런 사업의 기본은 산지에서 조금 더 싸게 사들여 시장에서 비싸게 팔수록 이익을 많이 내는 형태일 것이다. 그러나 내가 바람직하게 생각하는 모델은 따로 있다. 우리와 인연을 맺은 생산자들이 장기적으로 훌륭한 상품을 생산해낼 수 있는 구조, 나아가 더 저렴한 가격으로 판매 가능한 구조다. 업체는 더욱 효율적으로 물류를 운영할 수 있는 구조다. 그 두 가지가 현실화되면, 소비자도 자연스레 이득을 볼 수밖에 없다고 판단했다.

나는 결코 욕심 없는 사람이 아니다. 사람들이 다 그렇듯 내 이익

에 대한 욕심이 적지 않다. 그러나 이익이라는 게 '얄팍한 수에서 나오는 것'이어서는 안 된다고 생각한다. 오늘 내일 잠깐 거둬들이는 이익은 아무 의미 없다. 적어도 20년 후 정도를 바라보면서 생산과 물류의 건강한 균형을 맞추는 것이 중요하다.

- 다른 이야기로 넘어가겠다. 새롭게 직원을 채용할 때 어떤 점을 제일 중요하게 보는가?

정직함? 영어에 '인티그리티Integrity'라는 단어가 있다. 우리말로는 '혼자 있을 때도 옳은 일을 할 수 있는 마음'이라고 설명할 수 있을 것 같다. 하늘이 무섭고 땅이 무섭다는 것을 아는 사람이 좋은 팀원이 될

51

수 있다고 생각한다.

우리는 어디까지나 중간자다. 이쪽 끝에는 수많은 고객들이 있고 저쪽 끝에는 다양한 분야의 생산자들이 있다. 중간자인 우리가 어떻게 판단하고 사업을 진행하느냐에 따라서 생태계의 구조가 완전히 바뀔 수 있다. 그래서 무엇보다 인티그리티가 중요하다.

—— 혼자일 때도 옳은 일을 할 수 있는 마음

팀원으로서 기준보다 '조금 싸게 사들이고 비싸게 파는' 마음을 갖는다면 당장 수익을 내서 인정받을 수 있을지는 모르지만, 장기적으로는 모두에게 좋지 않은 결과가 나올 수밖에 없다. 반대로 생산자들을 위하는 마음에서 오늘의 이익보다 우리의 가치를 추구하는 방향을 더욱 중요하게 생각한다면, 설사 자기 자신에게 잠시 불이익이 오더라도 그 길을 선택할 수 있는 팀원들이 많다면, 회사는 잘 돌아갈 수밖에 없다.

• 사내 분위기를 끌어올리기 위해서, 직원들의 화합을 위해서 따로 신경 쓰는 부분이 있는지 궁금하다. 예전에 경영자들은 1월 1일 새해 일출 맞이 관악산 등반, 모두 함께 사우나하기, 매주 회식, 새벽 4시까지 회식하고 아침 7시 조회 같은 방법을 썼다. 요즘 젊은 CEO들은 어떤가?

　첫째, 최대한 많이 자주 커뮤니케이션하려고 한다. 이를 위해 팀별로 매주 주간 회의를 갖고, 팀원 모두를 만나 일대일로 대화할 기회를 마련한다. 조직원들이 끊임없이 생각을 맞춰가는 부분이 굉장히 중요하다고 생각하기 때문이다.

　둘째, '이 직원이 일을 하는 데 걸림돌이 무엇일까'를 가급적 자주 고민하고 그런 부분을 가능한 한 많이 없애려고 노력하는 편이다. 내가 직장 생활을 할 때도 그랬는데, 집에 일이 있거나 회사에서 어떤 부분이 마음에 들지 않으면 계속 그것에 신경이 쓰여서 업무 능률이 오르지 않았다. 그런 문제를 알아서 제거하고 해결해주는 게 복지 측면에서도 맞는 일이라고 생각한다.

회식의 경우, 물론 마켓컬리도 회식을 하지만 참석하기 싫으면 빠져도 상관없다. 회식에 빠졌다고 해서 따로 이유를 묻지 않는 문화가 정착되도록 했다. 그리고 나는 대표로서 회식에 참석하기는 하지만 주로 카드만 건네고 나오는 편이다.

• 왜 카드만? 직원들이 불편해할까 봐 그런가?

그렇다. 웬만하면 한 시간 정도 앉아 있다가 일어나곤 한다. 아무리 수평적인 직원 문화를 가진 조직이라지만, 다른 큰 회사들과 비교해볼 때 팀원들이 서로 친밀하게 지낸다고 하지만, 어찌 됐든 회사는 회사고 대표는 대표다. 예전에 직장 생활 했을 때를 생각해보면 그렇다. 아무리 친하고 가까운 상사라 해도 2차, 3차 지나 회식 자리에 끝까지 남아 있으면 직원들끼리 하고 싶은 이야기를 할 수 없다. 그래서 빨리 빠져나오곤 하는데, 그러다 보니 요새는 오히려 팀원들이 약간 서운해하는 것 같기도 하다. 그래도 대표는 빨리 사라져주는 게 모두에게 좋은 방법이라고 생각한다.

• 사업하면서 스스로 이루고자 하는 목표가 있을 것이다. 회사로서의 목표도 궁금하고, 개인으로서의 목표도 궁금하다.

회사로서의 목표라면 우리와 함께하는 소비자와 생산자에게 언제나 신뢰받을 수 있는 관계를 유지하는 것이다. 생산자들이 '마켓컬리는 내가 땀 흘려 만들어낸 상품을 소비자들에게 최고의 상태로 전달해 줄 줄 아는 업체다. 늘 함께하고 싶다'라고 믿을 수 있도록 브랜드를 만들어 나가고 싶다. 또한 소비자들이 '마켓컬리라면 언제나 나와 내 가족을 위해 옳은 선택을 할 수 있다. 거짓말 없이 정확하게 원하는 식료품을 배송해주는 곳이다'라는 믿음을 갖게 하는 브랜드가 되었으면 좋겠다.

─── 직원은 대표를 가르칠 수 있는 사람

개인적인 목표라면, 이 사업을 하면서 세상에 대해 여러 가지를 많이 배울 수 있었으면 한다. 앞서 직원을 채용할 때 어떤 점을 제일 중요하게 보는지 물었는데, 대답 중 빠진 게 있다. '대표인 내가 뭔가 배울 수 있는 사람인가'를 굉장히 중요하게 생각한다.

- 대표가 배울 점이 있는 직원이라. 예전에는 직원을 채용할 때는 지시하는 대로 잘 알아듣고 척척 진행하는 충성심과 추진력 등을 선호했다.

그것은 그야말로 옛날 스타일이다. 실은 나도 직장 다닐 때는 그런 인식에 젖어 있었다. 그러나 생각해보면 그건 굉장히 비효율적인 발상이다. 요컨대 대표가 전혀 배울 것 없는 직원들로만 이루어진 조직이라면 그런 회사는 대표에게 얼마만한 능력이 있는지 또는 얼마만큼 무능한지에 따라 성장하거나 퇴보할 것이다. 그처럼 재미없고 비효율적인 관계가 어디 있을까.

나는 회사가 '내가 가진 능력보다 훨씬 더 잘 되기를' 바란다. 당연한 바람이다. 그러려면 내가 가지지 않은 능력을 가진 사람들이 이 조직에서 많이 일해야 한다. 나에게 "이건 잘못됐다"고 이야기할 수 있는 직원이 있어야 한다. 서로 싸우고 지지고 볶고, 그 와중에 좋은 솔루션을 내는 구조가 되어야 한다. 그러다 보면 회사는 결국 잘 될 수밖에 없다.

• 마켓컬리를 장차 언제까지 이끌어 나갈 계획인가?

그건 내가 결정할 부분이 아니다. 회사 이사회가 있고 주주들이 있고 직원들이 있다. 조직에서 내가 필요하다고 믿어주면 계속 있을 것이고, 필요 없다고 판단하면 언제든 떠날 것이다.

• 여러 가지 이유로 대표 자리에서 물러나게 된다면, 물론 이사회나 주주들이 결정하겠지만, 어떤 사람이 회사를 이어갔으면 좋겠는가? 질문이 애매하니 객관식으로 가겠다. 1번 전문경영인. 2번 내부승진. 3번 관심 없다.

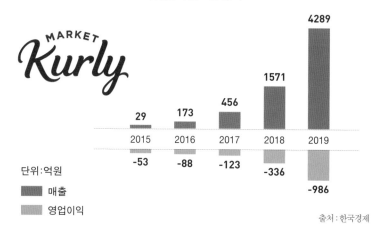

• 마켓컬리 연도별 실적

MARKET *Kurly*

4289

1571

456

173

29

2015 | 2016 | 2017 | 2018 | 2019

-53 | -88 | -123 | -336

-986

단위:억원
■ 매출
■ 영업이익

출처 : 한국경제

모범생 같은 답안을 하자면 '회사에 가장 적합한, 가장 능력 있는 사람'이 차기 대표로 왔으면 하는 바람이다. 아무래도 내부승진 가능성이 가장 높지 않을까? 회사 사정을 잘 안다는 장점도 있고, 조직원들의 신뢰를 얻는 측면에서도 유리할 테고.

• 중복되는 질문 같지만, 사업가로서 또는 개인으로서 정확히
10년 후 계획이나 꿈이 있다면?

10년 후의 나는 여전히 마켓컬리에 있을 것이다. 물론 그러려면 마켓컬리가 지금 이상으로 성장해야 하고 나 역시 지금보다 발전해야 할 것이다.

지난 5년간 마켓컬리는 고객이 원하는 맞춤상품을 제안하는 큐레이션 기능을 바탕으로 서비스의 완성도와 만족도를 높이는 데 초점을 두었다. 앞으로의 10년 역시 마찬가지일 것이다. 마켓컬리는 상품의 품질을 지켜내기 위한 기준을 끝까지 지켜내며 고객과의 신뢰를 이어가고자 한다. 앞으로 10년 뒤에도 마켓컬리가 추구하는 가치가 공감받고, 여전히 사랑받는 브랜드로 남을 수 있었으면 좋겠고, 나 역시 꼭 CEO가 아니더라도 마켓컬리의 성장에 기여할 수 있는 사람이 되기를 바란다.

- '헬조선'이라는 말이 낯설지 않은 시대에 살고 있다. 취업난에 허덕이는 청춘들이 적지 않다. 그런가 하면 세상 돌아가는 판을 잘 읽어내서 기회를 만들고 성공해 다수의 사람들에게 선한 영향력을 끼치는 대표님 같은 사람도 적지 않은 세상이다. 단도직입적으로 질문하겠다. 어떻게 하면 돈을 잘 벌 수 있을까?

돈을…… 안 벌려고 하면 되는 거 같다. 돈 버는 게 최대의 목적이 아니라면 돈을 벌 수 있지 않을까.

- 불가의 선문답 같다. 자세한 설명 부탁드린다.

사실 돈이라는 게 그렇다. 무언가 가치를 창출해낸다면, 실질적 가치가 만들어지면 당연히 돈을 벌게 된다. 여기서 '실질적 가치'라는 것에 100% 집중할 필요가 있다. 여기 집중하면 당연히 집중력이 올라가면서 성공할 가능성이 높아져 결국 사업이 번창하고 돈도 많이 벌 수 있다. 그래서, 사실 굉장히 아이러니한 이야기인데, 돈을 벌려고 노력하는 대신에 돈을 만들어내는 가치에 집중한다면 돈을 잘 벌 수 있을 것이다.

• 이해된다. 예전에 '나라를 부강하게 민족을 잘살게'라는 기치 아래 기업가 정신을 꽃 피웠던 사업가들 생각도 난다.

그렇다. 그런 가치다. 예를 들어, 제철소를 세운 분들을 보면, 철이라는 물질을 생산해서 국가의 산업화에 크게 기여하고 덩달아 큰돈을 벌지 않았나. 그분들이 처음부터 돈을 벌 목적만을 바라보고 제철 산업에 집중했다고는 생각하지 않는다. 질 좋은 철을 만들어서 우리나라의 산업화에 이바지하겠다는 의지를 분명히 갖고 있었으리라 믿는다. 옛날이건 지금이건 그런 정신은 본받아 마땅한, 여전히 유의미한 사업가의 자세다.

사실 그런 정신이 유일하게 적용되지 않는 분야가 바로 '금융'이라고 생각했다. 금융은 어떻게 보면 돈으로 돈을 버는 산업이니까. 사회 생활을 금융업에서 시작했는데, 그런 편견을 가진 채 회사에 들어갔다. 여기선 다들 돈에만 집중하지 않을까 생각했다. 그런데 아니었다. 거기서도 제일 큰돈을 버는 사람은 돈이 아니라 가치에 집중했다. 예를 들어, 기초자산이라는 게 있다. 채권이라든가 주식이라든가 회사라든가 하는 것들의 본질을 보는 시각 차이에 따라 이 기초자산에 대한 평가는 달라진다. 이 회사는 본질적으로 가치가 얼마인데 시장에서 그보다 저평가되어 있으면 사들이는 거고 아니면 반대로 파는 것이다. 그 세계에서도 돈만 보고 돈만 추구하는 사람들은 돈을 그다지 잘 벌지 못했다. 수익 측면에서 굉장히 높은 실적을 이룬 이들은, 역시나 돈 이외의 어떤 가치를 보는 사람들이었다.

• 그럼 돈 대신 주목하는 가치는 어떤 것인가?

보편적인, 더없이 보편적인 가치다. 신선하고, 건강하고, 맛있는 음식을 더 편리하게 더 좋은 가격에 구입하고 먹을 수 있는 가치. 나를 비롯한 세상 모든 소비자에게 중요한 가치다. 그런가 하면 열심히 피땀 흘려 생산하고 자식처럼 귀하게 키운 식료품을 제값을 받으며 좋은 상태로 빠르게 많은 사람들의 식탁 위까지 전달할 수 있는 가치. 이는 생산자에게 무엇보다 중요한 가치다. 우리가 추구하는 가치가 보편적인 것일수록, 많은 사람이 공감하는 내용일수록 그 가치를 창출할 수 있는 기회가 훨씬 커질 거라고 생각한다.

> • 사업하는 입장에서 '지금이 단군 이래 제일 돈 벌기 좋은 시
> 대'라는 어느 창업자의 말에 동의하는가?

—— 4차 산업혁명 시대의 확장성

대체로 동의한다. 일단 10년 전보다 사회는 진보했고 기술은 발달
했으며 사람들도, 예를 들어 우리 회사에서 일하는 젊은 직원들을 보
면 알 수 있듯, 내가 그 나이였을 때보다 훨씬 더 뛰어나 능력을 갖추
고 있다.

가치를 창출하는 데 있어서 늘 고려해야 하는 사항 중 하나가 '내
가 창출할 수 있는 실제 가치 대비 투자 비율'이다. 사람이든 기술이든
자산이든 회사가 잘 되기 위해서 마땅히 해야 하는 투자를 구현하는
것이 예전보다 쉬워졌다. 특히나 기술이 오픈소스화되어 많은 사람에
게 거의 헐값에 공개되고 있다. 이런 기술을 잘 활용해서 여기저기 제
대로 적용할 수만 있다면, 이 역시 엄청나게 큰 기회 요인이 될 것이다.

옛날에는 자원이라는 게 한정되어 있지 않았나. 누군가 그 자원의
반을 가져가면 반밖에 남지 않았다. 그래서 자원에 대해 알고 있는 사
람은 그 정보를 독점하려 쉬쉬하기 마련이었다. 그러나 4차 산업혁명
시대는 분위기가 다르다. 기술이 발달하면서 어느 특정한 자원은 '많

은 사람이 손을 대도 줄어들지 않는 확장성'을 가지게 됐다. 마켓컬리가 추구하는 가치도 이와 유사하다. 우리 회사가 내세우는 가치에 집중하는 사람들이 많아질수록 우리도 좋아지고 소비자도 좋아지고 생산자도 좋아지고, 그런 확장성을 가지고 있다.

- 직장 생활을 경험했으니 이런 질문을 할 수 있겠다. 직장 생활을 하면서 월급을 받는 게 더 쉬운 것 같은가, 아니면 창업하고 돈을 버는 게 더 쉬운 거 같은가?

솔직히 말하자면 직장 생활을 할 때가 훨씬 더 안정적이었다. 사실 나더러 성공한 창업자라고 하지만, 수입만 비교하면 마지막 직장에서 받았던 월급보다 아직도 적게 벌고 있다. 회사에 다닐 때는 매일 아침 출근해서 시키는 일만 열심히 하면 지금보다 적지 않은 월급이 매달 또박또박 나왔다. 그러나 회사가 추구하는 가치와 비전이 내 것이 아니었다. 내 마음에 들지 않았다. 그래서인지 일하는 것이 별로 즐겁지 않았다.

하지만 요즘은 다르다. 아침에 출근하면 뭔가 모르게 설레는 흥분이 느껴진다. 이 부분을 이렇게 하면 뭐가 더 좋아질까? 저렇게 하면 더 좋겠지? 보람 있게 재밌게 일하는 재미를 느끼며 생활하고 게다가 돈도 버니, 그런 점에서는 훨씬 더 나은 거 아닌가 생각한다.

- '나도 돈 벌고 싶다'고 외치는 청년들에게 창업을 권유하는 입장인가 아니면 창업에 조금 부정적인 입장인가?

—— 창업에 앞서 가족을 생각해야

사람마다 지닌 성격, 성향에 따라 다를 것이다. 지나고 생각해보니 나는 창업에 매우 적합한 인간인 것 같다. 나와 다른 사람도 분명 있을 것이다. 본인의 인생에서 원하는 것이 무엇인지, 어느 쪽에 더욱 무게를 두고 있는지 명확하게 파악하는 것이 무엇보다 중요하다. 돈인가? 명예인가? 보람인가? 도전인가? 자유인가? 안정인가?

다른 창업자들은 이런 이야기를 잘 하지 않을 텐데, 가족의 상황도 중요하다. 예를 들어, 나에게 온전히 부양해야 될 가족이 있다면, 내가 꼭 매달 일정한 생활비를 집에 가져가야 하는 입장이라면 다른 생각 말고 회사에 열심히 다니는 게 당연한 결정일 것이다. 경제적으로 가족에게 무책임한 사람이 되어서는 안 되기 때문이다.

지금이 단군 이래 가장 돈 벌기 좋은 시절이라고? 맞는 이야기다. 50년 전만 해도 한 집안의 가장이 사업을 벌이고 창업했다가 실패할 경우, 그 결과가 어떠했는가? 집이 넘어가고 아이들이 학교 갈 걱정을 하고 주부가 끼니 걱정을 해야 했다. 정말 굶어가며 생존을 위협받는 수준으로 떨어졌다. 요새는 그 정도는 아니다. 인생에서 다운 사이드가 제일 적은 게 이즈음이다. 어차피 망해도 굶는 상황에 처하지는 않는 지금, 한 번쯤 도전해보는 것도 나쁘지는 않을 것 같다.

• 요즘 얼마 정도 버나?

대기업 과장 월급 정도는 챙기는 것 같다. 대리나 과장 정도.

• 지금까지 투자를 얼마나 받았나?

2,000억 원 넘게 받았다. 2,150억 원. 꽤 많은 액수다.

• 마지막 질문이면서 개인적으로 가장 궁금한 질문이다. 사업 아이디어는 보통 어디에서 얻나? 요컨대 사업적으로 문제가 생겼을 때 돌파할 수 있는 아이디어 같은 것 말이다.

직원들과 끊임없이 소통하면서 답을 구하려고 노력한다. 이건 자랑인데 우리 회사에는 유능한 사람이 굉장히 많다. 그래서 평소 사내 메신저에 '이거 어떻게 생각하세요?' 같은 질문을 굉장히 자주, 스스럼없이 던지는 편이다. 팀장 이상의 시니어 매니지먼트에게만이 아니라 막내 팀원에게까지 그냥 막 물어본다. 그렇게 다양한 의견을 청취하면서 그 안에서 패턴을 찾으려고 한다.

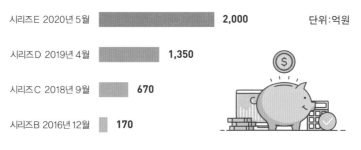

• 마켓컬리 연도별 투자 유치 성과

		단위:억원
시리즈 E 2020년 5월	2,000	
시리즈 D 2019년 4월	1,350	
시리즈 C 2018년 9월	670	
시리즈 B 2016년 12월	170	

출처 : 한국경제

—— 끊임없이 질문하고 묻고 또 구한다

또 하나, 개인적으로 데이터 들여다보는 것을 굉장히 좋아한다. '정량적 정성적 평가' 개념인데, 정량적인 건 당연히 짚어봐야 하는 부분이다. 회사가 어느 정도 성장하다 보니 뭔가를 결정하는 데 있어서 사실적인 근거 없이 판단하는 것은 위험하기 때문이다. 그런가 하면 정성적인 부분도 놓칠 수 없다. 그래서 고객센터에서 고객들에게 전화도 굉장히 많이 하고 설문조사 같은 것도 자주 하는 편이다. 이처럼 고객들의 의견을 많이 청취하는 한편, 뉴스도 많이 보고 책도 많이 보면서 사고의 폭을 넓히고자 노력하고 있다.

체인져스, 표적!
고객이 모든 문제요, 이유요, 해답이다

드디어 창업 길을 열었다. 이제부터 시작이다.

사업을 시작한 첫날부터 숱한 문제가 쏟아져 들어오기 시작한다. 매순간 쉽지 않은 판단과 갈등의 연속이다. 그 모든 문제를 당분간 스스로 해결해야만 한다. 길은 늘 새롭고 낯설다. 세상 어느 누구도 가본 적 없는 길이다. 대부분 상상조차 해본 적 없는 길이다. 조언해줄 사람도, 조언 받을 곳도 따로 없다. 이를테면 간밤에 소리 없이 눈이 내려 쌓였다. 이른 아침에 일어나 집을 나선 당신은 저 새하얀 눈밭에 처음으로 발자국을 남겨야 하는 상황이다. 이렇게 시작된 모든 발자취가 당신으로 인한 역사로 훗날 기록될 것이다. 성공이건 실패건, 희열이건 좌절이건 그 결과는 온전히 당신이 받아들여야 할 몫이다.

이제 막 길을 시작하려 한다. 그 순간, 생각지도 못한 장애물이 느닷없이 발길을 멈춰 세운다.

난관 타개를 위해, 당신은 무엇에 주목해야 할 것인가?

바른 결정을 위해, 당신은 무엇을 기준으로 삼아야 할 것인가?

사업 성공을 위해, 당신은 무엇을 중심으로 고민해야 할 것인가?

돈?

사업이 제 궤도에 오르면 저절로 따라오는 것이 돈이고 수익이다. 그러나 그것은 결과다. 돈에 집중해서는 안 된다. 이는 운전 중 창밖 경치에 한눈을 파는 것과 마찬가지 일이다. 그러다가 한순간에 사업 자체를 그르치고 말 수도 있다.

조직?

물론 조직은 중요하다. 조직의 힘은 개인들 능력치의 총합 이상이다. 조직이 탄탄하게 창의적으로 굴러가야 사업이 의도한 바대로, 그 이상으로 원활히 굴러간다. 그러나 문제는 밖에서 찾아들기 마련이다. 내부적인 조직 관리에 열을 올린다고 해도 사업의 성공을 보장할 수는 없다. 느닷없이 나타나는 장애물 앞에서 당신은 어떤 전략을 세울 것인가?

이런 질문에 체인저스들이 공통적으로 지목하는 대상이 있었다. 바로 '고객'이었다.

난관 타개를 위해, 무엇보다 고객에 주목해야 한다는 것.

바른 결정을 위해, 무엇보다 고객을 기준으로 삼아야 한다는 것.

사업 성공을 위해, 무엇보다 고객을 중심으로 고민해야 한다는 것.

문제는 고객이다. 고객이 모든 이유요, 또한 해답이다. 고객을 제대로 알아야 한다. 창업자로서 고객과 관련된 거의 모든 부분을 고려해야 한다. 나아가 고객 전문가가 되어야 한다. 그래야 문제를 해결할 수 있다. 그래야 숱한 장애물을 넘어설 수 있다. 그래야 보다 나은 가치를 창출할 수 있다. 그래야 비로소 성공할 수 있다. 체인저스 대부분의 공통된 의견이 그러했다.

"'과정이 정당하면 결과도 그러할 것이다.' 나 스스로 끊임없이 되새김하는 신념입니다. 결과를 만드는 것은 과정이고, 그 과정이 탄탄해야 결과도 알차다는 생각이지요. 마켓컬리에서 수많은 결정을 내릴 때마다 '우리의 모든 과정이 지금 당장 모든 고객들에게 알려져도 괜찮을까? 그래도 우리가 떳떳할 수 있을까?'를 늘 먼저 생각해왔어요. 당장의 이익과 결과를 쫓기보다는 고객 한 사람 한 사람이 만족할 만한 과정을 만드는 것에 집중했던 거죠."

– 김슬아 마켓컬리 대표

"'생태계에서 끝까지 살아남는 종은 가장 강하거나 가장 똑똑한 종이 아니라, 변화에 가장 잘 적응하는 종이다.' 찰스 다윈의 말입니다. 사업가로서 생각해야 할 '변화'는 나의 변화가 아니라 고객의 변화일 겁니다. 고객들의 변화에 뒤처져서는 안 됩니다. 고객들의 변화와 그 추이를 충분히 이해하고 분석해야 합니다. 그래야 브랜드도, 회사도,

제품도, 나 자신도 예고도 없이 닥쳐오는 변화의 위기 속에서 끝까지 살아남을 수 있습니다."

– 송명근 올리브유니온 대표

"'연결'이라는 단어가 가진 힘을 자주 생각해요. 사람과 사람을 연결하고 가치와 가치를 연결함으로써 생길 수 있는 의미란 얼마나 대단힌기요. 맘시터 서비스의 핵심 본질도 바로 그것이에요. 고객과 서비스 간의 효과적인 연결."

– 정지예 맘시터 대표

나의 필요보다는 고객의 필요,
그 절실함에 집중한다

조정호 벤디스 대표

주식회사 벤디스를 운영하고 있는 조정호 대표(35). '모바일 식권 대장' 서비스를 제공하고 있다. 스스로 아침형 인간이라고 생각한다. 평균적으로 밤 11시에 잠들어서 아침 5시 반 정도에 기상한다. 여섯 시간쯤 자는 셈이다. 일찍 잠들려고 노력한다. 그러잖아도 생각할 게 좀 많은 게 아니다. 불면으로 뒤척거리며 밤까지 새우면 머리가 터질지도 모른다. 도덕책에나 나올 법한 소리지만 일찍 자고 일찍 일어나는 게 머리도 맑아지고 건강 관리에도 도움이 된다고 믿는다. 조정호 대표는 나이 들수록 아버지가 살아오신 생활 리듬을 자연스럽게 따라가는 것 같다고 말했다.

• 창업을 결심하게 된 계기가 궁금하다.

신림동에서 3년 정도 고시 공부를 했다. 사법고시를 준비했다. 그
즈음 엄청난 물건이 세상에 나왔다. 바로 스마트폰이다. 2007년 1월 아
이폰이 처음 나온 것으로 기억하는데, 2년 후인 2009년 말 아이폰을
처음 접했다. 이른바 문화 충격을 느꼈다. 지금 기준으로 보면 아무것
도 아니지만, 일례로 아이폰의 나침반 기능을 보고 놀란 기억이 생생하
다. 정말 신기했다.

고시 공부라는 게 사실 지극히 단순한 과정이다. 전국의 고시생들
모두가 비슷비슷한 일상을 이어간다. 종류가 빤한 법전과 판례 책자를
하루 종일 외우는 것. '이미 세상이 낳고 키운' 지식들을 단순히 외우는
작업인 것이다.

── 모든 게 스마트폰 때문이었다

아이폰이 나오고 갤럭시가 연이어 나오는데, IT 세상은 이렇게 급
변하는데, 과연 고시 공부가 정답일까? 내가 할 수 있는 다른 일이 있
지 않을까? 고시원 생활에 한마디로 흥미가 뚝 떨어졌다. 2~3년 동안
공부만 하던 상황이었다. 최종 종착지인 1차 시험을 한 달 앞두고 법전

조정호 벤디스 대표.

판례 수험서를 과감히 집어 던졌다. 그러고는 무작정 창업에 뛰어들었다. 따지고 보면 모든 게 스마트폰 때문이라고 할 수 있다.

목적? 다른 거 없었다. 새로운 일, 하고 싶은 일을 하고 싶었다. 하나 더. 내가 노력하고 머리 쓰고 일한 만큼 그 양과 질에 비례해서 합당한 보상을 받고 성과를 얻고 싶었다. 더 솔직히 이야기하면, '창업하면 돈을 많이 벌 수 있지 않을까?' 하는 기대감도 없지 않았다.

깊이 있는 사업 철학, 창업을 통해 이룰 수 있는 사회적 가치, 그 문제를 구체적으로 고려하지 않았다기보다 그에 대해 깊게 생각할 수 있는 경험치가 절대적으로 부족했다. 고시 준비하던 거 막 때려치운, 고작 스물다섯 살 나이였다. 심지어 한 달에 얼마 정도 벌면 적절한가 하는 구체적인 목표 수치 같은 것도 정해놓지 않았다. 고시생으로 살면서 부모님이 주신 용돈으로 빠듯하게 생활하던 습관이 배어 있었고, 그러다 보니 한 달에 필요한 돈도 많지 않았다. 돈 드는 취미 같은 건 없었고, 싱글이고, 술 담배도 안 했다.

지금 생각해보면 웃기는 게 스물다섯 살 나이로 창업을 준비하면서 감정이 북받쳐 조금 울었던 것 같다. 삶이 불안해서. 어디로 갈지 알수 없어서. 남들보다 늦은 거 같아서. 지금 생각해보면 왜 그랬는지 모르겠다. 엄청나게 젊은, 아니 어린 나이였는데 말이다.

• 깊이 있는 사업 철학, 창업을 통해 이룰 수 있는 사회적 가치……. 이제는 경영자로서 그 부분에 대해 뭔가 정리된 게 있나?

—— 고객의 필요, 고객의 절박함에 집중하다

물론이다. 멋모르고 창업에 도전한 스물다섯 살 때와는 달라야 하고, 또 많이 달라졌다고 생각한다. 원론적인 이야기 같지만 사업을 할수록 결국 고객에 대한, 고객을 향한 생각과 고민이 깊어지는 것 같다. 회사가 계획했던 매출을 올리고 직원들의 급여도 문제 없이 지급하고 사내 복지도 늘리고, 그러려면 결국 우리가 제공하는 서비스가 원활하게 공급되어야 한다. 서비스가 원활히 공급되려면 결국 우리 서비스를 이용하거나 이용하려는 고객이 무엇을 원하는지에 대한 깊은 이해가 있어야 한다. 단순히 '돈을 벌어야지' '매출을 내야지' 하며 눈앞의 과제에만 집중해서는 곤란하다. 심적으로 쫓기다 보면 판단력이 흐려진다. 그러다 보면 우리의 아이디어, 우리의 서비스, 우리의 제품을 고객에게 설득하는 과정을 계속 반복할 수밖에 없다. 그러다 보면 우리 것을 구입하거나 도입할 의지가 없는 고객들을 쓸데없이 괴롭히는 상황이 반복될 수밖에 없다.

어려우면 어려울수록, 답이 잘 보이지 않으면 보이지 않을수록, 반대로 돌아가서 고객의 목소리에 더 집중할 필요가 있다. 더욱 집중적으로 고민하고 궁리할 필요가 있다. 그러다 보면 우리 상품은 자연히 고객 맞춤형으로 진화하게 된다. 그러지 않으려 해도 그렇게 될 수밖에 없다. 결국 회사는 성장할 수밖에 없다.

고객의 목소리에 집중하는 것. 우리의 필요, 우리의 절박함이 아니라 고객의 필요, 고객의 절박함에 집중하는 것. 이즈음 견지하고자 노력하는 사업 철학이고 경영 방침이다.

• '식권대장'이 처음 창업하던 때의 아이템인가?

그렇지 않다. 처음 창업을 준비할 때는 '직장인 통근버스 사업'을 해보고 싶었다. 그런데 알아보니 법적 제약이 있었다. 개인이 버스 노선을 임의로 개설하는 게 불가능했다. 20대 학생이 뛰어들 만한 사업이 아니었다. 대학생이어서 구상하고 실행할 수 있는 사업 아이템이 무척 제한적이었다. 그래서 눈높이를 낮췄다. 소박하게 내 주변, 우리 주변에서 찾아낼 수 있는 '필요와 절실함'에는 어떤 것들이 있는지 살폈다. 그 결과, 학교 근처에서 학생들이 주로 이용하는 밥집이나 카페를 눈여겨보게 되었다. 해당 업체와 연계해 일종의 마일리지 적립 포인트 제도를 운영하는 서비스를 개발해보았다. 모바일 상품권 시장에도 진출했지만 접고 말았다. 지금 하고 있는 사업은 세 번째 아이템이다.

• 앞의 두 아이템은 소위 망한 사업인가?

그렇다. 말끔히 망했다.

• 앞의 두 가지는 망했고 지금은 성공을 거뒀다. 망하거나 성공을 거둔 결과는 어떤 차이에서 비롯되었을까?

── 고객의 필요와 절실함 VS 창업자의 상상

바로 아까 이야기한 고객의 입장이다. 고객의 필요와 절실함이다. 적립 서비스를 개시하기 전, 서비스를 도입할 식당이나 카페를 찾아가지 않았다. 외식업체 사장님들을 만나 의견을 묻고 상담하지 않았다. 오로지 우리의 상상 속에서 시작했다.

'이런 서비스가 필요하지 않을까?'

'이런 서비스라면 외식업체들도 꽤 좋아하지 않을까?'

그런 판단으로 서비스를 개발하고는 기대에 가득 차서 외식업체 사장님들을 찾아갔다. 그런데 정작 외식업체 사장님들은 '적립' 효과에 대한 이해도 적고 별 관심도 없었다. 그날그날의 매출이 중요할 뿐이었다. 그때 느꼈던 게 있다. '창업자의 상상 속에서 제품을 만드는 건 정말 위험한 일이구나.'

앞서 모바일 상품권 사업을 벌였을 때는, 카페 사장님들이 우리 업체 쪽으로 먼저 요청을 주었다. 대형 프랜차이즈 카페들은 선불 메신저 플랫폼에 입점해서, 즉 손님들이 매장에 방문해서 소비하지 않더라도 모바일 상품권을 구매해서 발생하는 매출이 적지 않은 규모를 차지한다. 영세한 카페들은 그런 구조가 불가능하기 때문에 우리에게 '그런 시스템을 대신 만들어달라'는 제안이 왔다. 그래서 모바일 상품권 시장에 진출하게 된 것이다.

외식업체 사장님들의 반응은 나쁘지 않았다. 그런데 늘 그렇듯 어플리케이션을 널리 알려서 일반 사용자들의 참여를 유도할 홍보 자금이 부족했다. 그러던 와중에 서비스에 관심을 가진 대형 상장사 대표가 손수 엔젤 투자를 해주었다. 그게 성공의 계기가 됐다.

바로 그 투자를 해준 상장사의 외주 개발을 어떤 게임사가 의뢰했는데, 살펴보니 2,000명 정도 되는 직원들이 종이로 된 복지 상품권을 받아 사내 카페에서 소비하는 상황이었다. 매번 종이를 찢어 나눠주고 회수하는 과정. 굉장히 비효율적이고 번거로워 보였다.

"스마트폰 한 대 안 가진 사람이 없는 세상인데, 모바일로 이걸 관리할 수는 없을까요? 당신들, 이거 한번 구현해볼 수 있겠어요?"

상장사 대표는 우리에게 그런 기회를 주었다. 엄청난 사건이었다. 머리를 굴렸다. 우리에게 의뢰한 회사뿐 아니라 다른 많은 회사에 이러한 니즈가 있으리라는 것. 너무나 손쉬운 추측이었다.

오피스 상권의 외식업체들을 일일이 다니며 조사했다. 종이 식권을 받거나 장부 거래하는 곳이 제법 많았다. '혁신'이 끼어들 틈이 있을 것 같았다. 그렇게 시작된 것이 모바일 식권이다.

• 사업 구조에 대해 좀 더 구체적인 설명 부탁드린다.

회사에서 직원들의 식대를 보조해주지 않나. 월급에 중식비(점심값) 10만 원을 추가해주는 경우를 예로 들면, 말이 10만 원이지만 주는 쪽이나 받는 쪽이나 아쉬운 점이 적지 않다. 일단 영업일수로 따져 20일이니 한 끼당 5,000원을 보조해주는 셈이다. 밥값 비싼 지역에서는 현실적인 식대로 쓰이기 어렵다. 그러다 보니 직원들에게 매번 몇천 원씩 추가 식대를 주는 경우도 있고, 회사 주변의 식당 몇 곳에 장부를 만들어놓고 직원들이 와서 식사한 다음 이름을 적게 하는 경우도 있다. 아니면 개인 카드로 일단 식비를 지불한 다음 영수증을 모아 총무팀에 제출하면 급여로 환급해주기도 한다.

그때 느꼈던 건, '아 우리 창업자의 상상 속에서
제품을 만드는 게 굉장히 위험하구나'

—— 회사와 직원과 식당 모두 윈윈윈

이 과정에서 인력 낭비, 직원들의 오남용 등 여러 가지 불편한 문제들이 드러났다. 이를 해결하고자 우리가 제작 구현한 서비스가 모바일 식권 시스템이다. 이를 통해 회사는 직원들에게 식대 포인트를 더욱 원활하고 효율적으로 배부, 회수, 관리할 수 있게 됐다. 한편 직원인 사용자들은 불편하게 식권이나 장부를 사용하는 대신에 본인의 스마트폰으로 간편하고 깔끔하게 결제할 수 있게 됐다. 회사도 직원들도 '윈윈' 할 수 있는 시스템이다. 나아가 식당들도 이 시스템을 사용하면 인력과 시간 낭비가 줄어들어 상당히 만족스러워했다. 이쯤 되면 '윈윈윈 시스템'이라고 할 수 있지 않을까.

재미있는 것이 기존에 상품권 서비스를 홍보할 때는 '앱 유저가 몇

모바일 식권 시스템을 활용하면 식대 포인트를 효율적으로 배부, 회수, 관리할 수 있다.

명 안 된다'면서 제휴를 거부하는 곳이 많았는데 식권대장을 홍보할 때는 직원이 고작 100여 명밖에 되지 않는 업체도 큰 관심을 보였다. 골목 상권에 위치한 영세한 소상공인들은 멀리 있는 천만 유저, 백만 유저가 중요한 게 아니다. 매일매일 점심시간이 되면 가게에 찾아오는 주변 회사의 직장인 100명이 그들에게는 훨씬 현실적이고 가치 있는 유저다.

기업 입장에서는 무엇보다 식권을 제작하고 나눠주는 비용, 그것을 관리하는 시간과 비용이 크게 줄어든다는 이점이 있다. 예전에는 월말이면 총무팀 직원들이 주변 식당들을 찾아다니며 장부를 대조하고 일일이 정리 결산하는 등 거의 며칠 동안 그 일만 붙들고 있어야 할 정도였다. 그러나 식권대장 서비스를 이용한 뒤로는 관리가 투명화되고 오남용이 방지되면서 식대가 평균 12% 정도 절감되는 효과가 발생했다고 한다. 일정액의 사용료가 발생하지만 전체적인 식대가 절감되었다는 이야기다.

앞서 잠깐 언급했지만 식당 입장에서도 100% 이득이다. 식권이나 장부 거래를 할 때는 월말마다 회사 총무 담당자들이 찾아와서 법인카드로 정산해줬다. 당연히 카드 수수료는 점주들이 부담할 수밖에 없었다. 그러나 식권대장은 기업과 식당이 거래할 때 현금으로 정산하는 시스템이다. 상황에 따라 현금영수증을 배부하기도 한다. 우리 측이 카드 수수료만큼 수수료를 수취하더라도 외식업체들이 거부 반응이 크지 않은 이유다.

• 새로운 개념의 서비스 산업을 통해 '윈윈' 모델을 구축했다는 말이 인상적이다. 창업을 꿈꾸는 이들에게 조언한다면?

헬조선이니 청년 세대가 갈수록 힘들어진다느니 하는 소리들이 많다. 사실 이는 모두 언론이 만들어낸 담론이고 프레임이다. 사업하는 사람으로서 말하는데, 지금은 창업해서 스스로의 힘으로 뭔가 이루기에 정말 좋은 시절이다. 일단은 창업에 대한 사회적인 시선이 무척 호의적이라는 것을 피부로 느낀다. 그것만 해도 분명한 이점이다.

나 같은 경우 창업한 지 만 10년 차인데, 10년 전인 2010년에는 스타트업이라는 용어 자체가 없었다. 지금 같은 사회적 창업 지원 시스템도 물론 없었다. 그때는 학생이었고, 돈도 없었다. 그래서 청년창업대출을 5,000만 원 받아야 했다. 다 갚아야 되는 돈이었다. 요즘은 갚지 않아도 되는(?) 지원금 종류가 많은 것으로 알고 있다. 작은 리스크만 부담한 채 빠르게 뛰어들 수 있는 환경이 어느 정도 구축된 게 사실이다.

게다가 내가 창업할 당시만 해도 함께할 수 있는 동료를 찾기가 쉽지 않았다. 아이디어가 뛰어나고 머리 좋고 유능한 인재는 대부분 대기업 쪽으로 취업했기 때문에 신생 창업 시장에서 뛸 좋은 사람을 구하기 어려웠다. 그러나 요즘은 조금 다르다. 내 주변만 돌아보더라도 훌륭하고 비상한 인재들이 창업 시장이나 스타트업에 많이 뛰어들고 있다. 그 역시 분명한 이점이라고 생각한다.

이같이 사업적 분위기와 환경이 많이 개선된 것은 분명 좋은 일이다. 그러나 무엇보다 창업은 '창업하고자 하는 개개인의 역량'이 가장 중요한 요소임을 강조하고 싶다.

• '동료'라……. CEO로서 동료 직원과의 관계를 아주 소중히 생각한다고 들었다. 직원은 어떤 존재라고 생각하는가?

조직원은 대표나 조직 자체가 갖지 못한 역량을 발휘할 수 있는 동력 같은 존재다. 대표가 모든 걸 다 판단하고 지시하며 직원들은 그저 충실히 이행만 하는 구조라면 대표고 직원이고 조직이고 발전을 기대할 수 없다. 대표나 조직이 나아가지 못한 부분, 상대적으로 취약한 영역을 새로운 직원이 채워줄 때 서로의 가치가 극대화되는 시너지 효과가 나타나기 마련이다. 그런 시너지 효과를 위해 보다 많은 대화를 해나가려고 노력하는 편이다.

직원들을 채용할 때 제일 중요하게 따지는 것은 근면성이나 충성심이 아니라 그 사람 개인이 가진 욕심의 크기다. 말이 계속 반복되는 것 같은데, 대기업이 아니다 보니 직원 한 사람 한 사람의 개인적 역량이 조직의 성장에 엄청난 영향력을 미치는 게 현실이다. 면접 과정에서 본인이 맡게 될 직무에 대한 평소 생각의 깊이를 많이 물어보고 알아보려고 한다.

'지금 이 상태가 최선인가?'

'좀 더 나은 방법은 없을까?'

'그것을 위해서 무엇을 해야 할까?'

이러한 건강한 욕심들이 자기 발전을 이루는 동력이 되기 마련이다. 그런 동료들이 결과물을 냈을 때, 그 결과물들의 합이 궁극적인 조직의 성장으로 이어지기 마련이다. 그러기 위해선 건강한 욕심이 많은 사람들이 더 많이 찾아와 마음껏 뛰어놀 수 있는 환경을 만들어야 한다. 그 결과, 조직과 개인의 성공이 함께 이루어질 수 있다고 생각한다.

• 그러나 모든 조직에는 규율과 절차가 있는 법 아닌가. 직원들이 다 건강한 욕심들을 가지고 생활하다가 트러블 메이커가 될 수도 있고, 그러다가 배가 산으로 갈 수도 있다. CEO로서 관리하기 힘들지는 않을까?

── 대표를 괴롭히는 직원이 되어달라

처음에는 '모든 직원들이 좋아하는 대표가 좋은 대표'라는 생각을 많이 했다. 그래서 사업 초기에는 많이 고생했다. 요즘에는 직원들에게 그런 이야기를 한다. "되도록 많은 것을 제안하고 의견을 내주세요. 그게 다 받아들여지지 않을 수도 있어요. 하지만 실망하지 말고 더 많은 이야기를 해주세요. 대표를 더 많이 괴롭혀주세요."

다만 여기서 확실히 해야 할 부분은 '왜 그 주장이 받아들여지지 않았는가'에 대한 합당한 근거를 저마다에게 충분히 전달할 필요가 있다는 점이다. 이 과정이 생략되면 불만이 생기고 불화가 생긴다. 부연 설명은 그만큼 중요하다.

물론, 내 의견이 정답이라고는 나도 자신할 수 없다. 나도 학생 창업자 출신이다. 지금 나와 함께 일하는 이들 가운데는 나보다 훨씬 많은 경험을 가진 사람들도 다수 있다. 조직이 원하는 성과, 즉 목적지로 빨리 가기 위해서는 대표로서 이들의 경험치를 충분히 활용할 수 있어야 한다. 그러려면 내가 내리는 크고 작은 결론에 대해 다른 시각으로 계속 나를 건드려주고 괴롭혀주는 사람이 필요하다.

• 원활한 사내 분위기를 위해, 직원들 사이의 바람직한 소통을
위해 어떤 노력을 하고 있나?

직원이 10~20명일 때에 비해 50명이 넘어가자 과거처럼 직원들
사이에서 수평적이고 동등한 문화를 유지하는 게 사실상 불가능한 것
같다. 요즘 들어 절실히 느끼는 부분이다. 그래도 회의실에 플레이스테
이션 같은 게임기를 두고 점심시간에 함께 게임을 하면서 서로 가까워
지도록 분위기를 만들고 있다.

인간적인 스킨십도 물론 필요하다. 그러나 무엇보다 중요한 것은
'대표가 요즘 무슨 생각을 가지고 있는지' '우리 회사를 어떤 방향으로
이끌어가려고 하는지' 등에 대해서 투명하게 자주 소통하는 자세다. 대
표가 어떤 고민을 가지고 있는지 먼저 밝히고 서로 생각하는 방향의
차이를 줄여 나가는 것. 그게 직원들과의 관계를 개선하는 가장 좋은
방법이다.

회식을 하지만 자주 하는 편은 아니다. 분위기 좋은 회식이라도 누
군가에게는 굉장히 불편한 자리일 수 있다. 꼭 맛있는 음식을 먹고 함
께 술에 취해야만 훌륭한 대화를 할 수 있는 것은 아니다. 그런 면에서
우리 회사는 워크숍 문화를 활용한다. 1년에 두 번 1박 2일. 단합 목적
으로는 그 정도가 부담 없고 좋은 것 같다.

• 개인으로서, 기업의 CEO로서 이루고 싶은 자신만의 목표가
  있다면?

—— 사회 환원은 책무다

사실 하루하루가 힘들다. 서른다섯 살의 내가 한 번도 경험해보지
못한 하루를 매일매일 도전하듯 살아가고 있다. 예상치 못한 이슈들이
시도 때도 없이 돌출하는데, 지금까지의 경험만 가지고 의사결정을 해
야 하는 상황이다. 그래도 잠들기 전에 한 번씩 생각하면, 내 또래 중
직장을 다니는 친구들도 많은데 이런 고민 속에서 살아간다는 게 굉장
히 벅찬 감동으로 다가온다.

스물다섯 살 때 처음 창업하면서 서울에서 집 한 채 살 수 있을 정
도면, 요컨대 한 10억 원 정도 돈을 벌면 성공한 것 아닐까 막연히 생
각했다. 아직도 그렇게는 벌지 못했다. 그러나 돈에 지나치게 집중하는
것은 좋은 사업가의 자세가 아닌 것 같다. 그러다 보면 이겨내지 못할
정도로 스트레스가 너무 심해지기 마련이다. 어느 순간부터 자연스럽
게 돈은 제1의 가치가 아니게 되었다. 물론 돈도 중요하다. 중요하지만
돈만 보고 사업을 하고 싶지는 않다.

학생으로서 2010년 창업하고 사회에 뛰어들면서 적지 않은 '무시
와 설움'을 당했다. 자금을 부탁하러 찾아갔다가 "무턱대고 투자 받으
러 오지 말고 네가 돈을 벌 수 있다는 걸 증명할 수 있을 때 다시 와라"

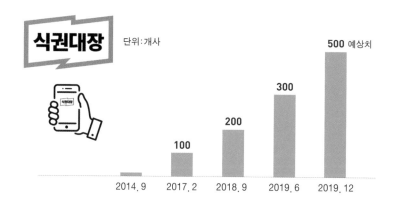

• 식권대장 고객사 증가 추이

식권대장

단위 : 개사

500 예상치

300

200

100

2014. 9   2017. 2   2018. 9   2019. 6   2019. 12

출처 : 조선비즈

라는 말도 들었다. 이게 사회구나, 라는 것을 그런 식으로 깨달았다.

앞에 이야기했던, 나에게 투자해준 상장사 대표에게 이에 대해 물어본 적 있다. 투자를 받은 지 1년 정도 지나고 나서의 일이다.

"왜 제게 투자하셨어요? 가진 것도 없는 학생에게."

그랬더니 돌아오는 답은 이랬다.

"그 용기에 감동해서."

나중에 돈을 번다면, 나 같은 환경에서도 용감하게 창업에 뛰어드는 후배들에게 되도록 많은 도움을 줄 생각이다. 그간 쌓은 경험이든 이루어낸 자본이든 어떤 형식이든 돌려주며 힘든 손을 잡아 이끌어주는 것은 하나의 책무라고 생각한다. 같이 일하는 동료들과도 그런 이야기를 많이 한다. 후배 스타트업 대표들, 스타트업에 관심 있는 후배들에게 기회를 주는 역할을 하고 싶다. 그게 지금 말할 수 있는 나의 목표다.

• 서울 아파트는 어떻게 되는 건가?

돈 벌면 살 생각이다. 아직은 부족하다.

• 좋은 CEO의 조건은 무엇일까?

평생직장 개념이 사라지고 있다. 대기업이 최고의 직장이라고 말할 수 있는 시대가 더 이상 아니다. 회사의 발전도 중요하지만 직원 개개인의 숨겨진 역량을 극대화하고 발전시켜 나가는 것 또한 중요해졌다. 이런 상황에서 좋은 대표란, 함께하는 직원들이 성장할 수 있는 환경과 기회를 최대한 많이 만들어내는 사람일 것이다. 물론 이는 회사가 성장하는데도 도움이 된다.

회사가 성장하려면 결국 구성원들이 성장할 수 있는 환경을 만들어야 한다. 대표 한 사람이 아무리 똑똑하고 감각 있어도 생각은 굳어버리기 쉽고 에너지는 바닥나기 쉽다. 한두 사람에게만 의지하는 회사라면 결국 언젠가는 모두 함께 멈춰버릴 수밖에 없다. 대표가 도달하지 못하는 영역을, 생각의 깊이를 직원 모두가 함께 개척해줘야 한다. 직원들이 창조적으로 생각하고 고민할 수 있는 환경, 누구나 자유롭게 의견을 개진할 수 있는 환경을 만들어주는 것이 좋은 대표의 역할이라고 생각한다.

── 시키는 대로 일하게 해서는 안 된다

그런 이유로 될 수 있는 대로 자주 회의를 열어 서로 함께 의견을 나누고 고민을 해결해 나가고자 노력한다. 어떤 직원에게는 이런 과정이 불편할 수도 있다. 그저 시키는 대로 일하는 게 마음 편할 수도 있다. 그러나 이런 과정을 피하다 보면 지금 당장, 길게 봐서 2~3년은 편할 수 있어도 궁극적으로는 개인의 역량이 점점 녹슬 수밖에 없다. 좋은 대표가 되기 위해서는 직원과 자주 대화할 필요가 있다. 개개인의 역량을 개발해 성장을 도모하기 위해서 무엇이 더 필요한지 터놓고 이야기할 필요가 있다.

• 유능한 직원들이 잘 성장해서 어느 날 갑자가 퇴사하겠다고 하면, 회사로선 곤란하지 않을까?

회사 첫 OT 때 바로 그런 이야기를 했다. "여기서 성장해서 더 큰 사회로 나가면 나도 기쁘겠습니다."
개인의 역량이 발전해서 더 좋은 기회를 찾아 떠나는 직원들이 많아졌으면 좋겠다. 그래서 "벤디스 출신들이 되게 일을 잘하더라"라는 소리를 듣는 것은, 그야말로 대표가 느낄 수 있는 보람 중 하나일 것이다. 물론 잘 성장한 핵심 인재가 회사를 나가겠다고 하면 안타깝겠지만, 그때는 더 높은 연봉을 제시해서라도 잡으면 된다고 생각한다. 그 역시 투자 영역에 속하는 일이라고 본다.

• 좋은 회사란 어떤 회사일까?

어려운 문제다. 회사와 연을 맺고 이해관계를 갖고 살아가는 모든 사람들, 직원이든 주주든 고객이든 모든 사람이 충분한 가치와 의미를 부여받을 수 있는 회사가 좋은 회사 아닐까.

단순한 상품을 넘어
하나의 서비스를 창출해야 한다

정유석 프레시코드 대표

샐러드 등 건강 편의식 배송 서비스를 하고 있는 정유석 프레시코드 대표(33)다.

건강식에 대한 니즈가 큰 고객들이 적지 않다. 그런 고객들이 인터넷 사이트에서 '공유 거점 배송지'를 신청하고 주문하면 상품을 그쪽으로 배송해서 받는 비즈니스를 운영하고 있다. 로컬 매장, 편의점, 대형마트 등에서 상품을 구매하던 방식과 달리 온라인 플랫폼에서 열성적인 고객 수요를 모으고 프코스팟이라는 픽업 장소에서 간편하고 지속 가능하게 원하는 상품을 손에 넣을 수 있는 시스템이다. 단 하나의 상품이라도 배송비 무료로 이용할 수 있다는 것 또한 특징이다. 첫째도 둘째도 고객을 우선하려는 마음을 가지려고 한다.

• 언제 어떤 계기로 사업을 시작했나?

스물여덟 살 때였다. 20대 초반부터 나의 주된 관심사는 '어떻게 하면 사고와 행동 방식의 틀을 깰 수 있을까?'였다. 그때 얻은 결론이 '시간과 공간을 바꿔야 한다'는 것이었다. 지금과는 다른 시공간의 라이프 스타일을 상대해야 승산이 생기리라는 것. 창업을 결심한 바탕에는 그런 개념이 깔려 있었다.

── 무에서 유를 창조해내는 예술, 창업

무에서 유를 창조하는 예술가들, 음악가와 미술가와 작가들, 건축가들, 더불어 엔지니어와 프로그래머들까지 이들은 인간이 할 수 있는 가장 위대한 작업을 하는 사람들이라는 생각을 평소부터 많이 해왔다. 본인의 머릿속에서 상상한 것을 세상 속에 구현하고 표현하는 작업 세계. 창업도 어떻게 보면 그와 비슷한 작업이 아닐까 하는 생각이 들었다. 자기만의 사업 철학과 아이디어를 바탕으로 많은 사람들에게 유용하게 쓰이는 뭔가를 만들어내는 작업 말이다.

• 시간과 공간을 바꾼다는 게 어떤 의미인지 잘 와닿지 않는다.

우리 주변을 둘러보면, 다들 엇비슷한 라이프 스타일에 따라 살아가는 것 같다. 비슷한 업무를 처리하는 비슷한 직업들. 비슷한 목표들을 가지고 살아가는 비슷한 사람들. 매일 반복되는 일상에서 뭔가 독창적인 것들을 궁리하고 고민하지만 그것을 실제 삶에 연결시키는 용기를 내지 못하는 사람들. 진정 자신이 원하고 그리는 삶을 살아가지 못하는 사람들. 그런가 하면 시간과 공간을 바꾸는 과정을 통해 남들이 도전하지 않는 길을 찾아 더 큰 것을 배우고 더 많은 것을 얻고 그로부터 만족감을 느끼며 살아가는 사람들도 종종 만날 수 있다.

매일 출퇴근하고 때때로 업무 평가를 하는 등, 정해진 루틴에 의한 삶이 아닌 세계. 직장인들은 할 수 없는 도전을 하는 창업가의 삶을 선택한 것이다. 그리고 오늘날까지 그 선택에 만족하며 살고 있다. 이 모든 것을 일컬어 시간과 공간을 바꾸는 개념이라고 설명할 수 있을 것 같다.

• 대학에서 생명공학을 전공했다고 들었다.

그렇다. 전공이 그렇다 보니 학교를 졸업하고 나면 제약회사 연구원이 되거나 학교에 남아 박사 과정을 밟는 것 등등이 소위 성공하는 케이스였다. 사회에서, 주변에서 바라보는 시각 역시 거의 그런 미래를

정유석 프레시코드 대표.

기대했다.

　원래 의학 전문 대학원에 진학할 계획이었다. 그러다가 우연찮게 공기업에서 일할 기회가 생겼는데, 거기서 완전히 다른 세계를 만나 다른 생각들을 하게 됐다. 그때 일했던 데가 IT 관련된 부서였다.

　당시 지구 반대편에서는 '에어비앤비'나 '우버' 같은 회사들이 대단히 빠르게 성장하고 있었다. 그런 모습들을 보면서 굉장히 설레던 기억이 난다. IT가 세상을 엄청난 속도로 변화시키고 있구나. 이게 진정 내가 원하는 거였구나. 여기서 뭔가 원하는 고객들이 있겠구나. 그 고객들을 내 고객으로 만들어야겠구나. 이런 생각이 내 머릿속을 가득 채웠다.

　그래서 계획했던 진로를 완전히 바꿨다. 스타트업 시장에 뛰어들었고, IT와 관련된 일들을 시작했다. 군대 다녀온 28세 복학생이 창업자로 변신한 것이다.

> • 두려움 같은 건 없었나? 주변에서 반대가 많았을 것 같다.
> '의전원 가서 열심히 하면 의사로 살 수 있는데 스타트업이라니……' 부모님께 그런 잔소리도 들었을 것 같다.

── '에어비앤비'의 비즈니스 모델에 홀리다

당연한 지적이다. 고충이 많았다. 갑자기 창업하고 사업을 한다니 이만저만 황당하지 않았을 것이다. 그러나 그로 인해 흔들린 적은 없다. 냉정하다고 볼 수도 있으나 부모님이 됐건 지인이 됐건 새로운 세계를 꿈꾸지 못하는 이들이 건네는 조언은, 뭐 당연히 나를 걱정해서 한 말이었으나 내게는 다만 참고할 조언일 뿐이었다.

IT를 이용해서 외식업계의 틈새시장을 파고들면 충분히 승산이 있을 것 같았다. 나와 같이 동업한 동료들 역시 이 비전을 충분히 이해하고 또한 자신감을 가지고 있었다. 그거면 충분했다.

몸은 힘들었지만 마음은 굉장히 즐겁고 행복했다. 일이 잘 풀리지 않을 때도 별로 불안하지 않았다. 주변에서 창업을 고려하는 사람을 만나면, 물론 창업하면 쉽게 성공할 거라는 말을 하지는 않지만 그래도 긍정적인 마음으로 응원하는 편이다.

• 회사 경영에서 제일 중요하게 생각하는 점이 있다면?

경영 철학이라고 말할 것까지는 없지만, 경영에서 가장 중요한 것은 사람이고 인적 자원이라고 생각한다. 어떤 사람들과 함께 조직을 이끌어갈 것인가 생각해봐야 한다. 성장에 대한 욕구가 얼마나 강한 사람인지, 문제 해결 능력이 얼마나 탁월한 사람인지, 회사의 비전을 어느 정도 이해하고 지지하고 응원하는 사람인지, 더불어 전체적인 문제에 대한 인식을 공유하는 가치관을 지니고 있는가까지, 이 모두는 채용을 결정할 때 가장 중요하게 보는 부분들이다.

취업난이 심각하다는 말이 많은데, 나는 반대로 뛰어난 능력을 가진 이들이 자신의 능력을 적극 발휘할 수 있는 곳이 그다지 많지 않다고 생각한다. 회사도 마찬가지다. 적재적소에 딱 맞는 중요한 인재를 찾아내는 일이 생각만큼 쉽지 않다.

• '성장에 대한 욕구'란 구체적으로 어떤 것인가? 자세히 설명해달라.

── 손흥민과 레버쿠젠, 그리고 EPL

우리가 생각하는 비즈니스 모델은 온전히 고객을 향하고 있다. 온오프상의 문제를 해결하고 '어떻게 하면 고객과 사회에 좋은 가치를 전달할까' 끊임없이 고민한다. 그에 따라 회사는 물론 개인의 성장도 뒤따라온다고 생각한다. 나는 이 과정을 종종 축구에 비유한다. 손흥민 선수가 과거에 함부르크 레버쿠젠 같은 독일 프로팀에서 뛰다가 EPL로 넘어오지 않았나. 본인의 열망에 따라 '개인'과 '팀'의 성장 욕구가 다 충족된 사례다. 본인의 노력과 성장 욕구를 통해 선수 개인의 가치도 상승하고 동시에 레버쿠젠이라는 팀의 가치도 상승했다. 이 두 가지는 서로 떼어놓고 생각할 수 없다고 본다.

- 유능한 직원을 잘 교육시키고 성장시켜 놓았는데, 갑자기 다른 회사로 이직한다고 가정해보자. 회사나 오너로서 눈물이 나지 않을까?

오히려 좋은 일이라고 본다. 그런 일이 더 많이 생기기를 기대한다. 그야말로 우리 회사가 성공하고 성장했다는 반증 아닌가. 물론 "대표님, 저 다음 달부터 더 좋은 회사로 갈래요"라고 한다면, 일단 잡아보려고 시도는 할 것이다. 그러나 마음이 떠났는데 잡는다고 될까. 중요한 것은 어느 직원이든 어디서나 자기 능력을 발휘하며 일하고, 그 과정에서 충분한 행복감과 만족감을 느끼고, 또 다른 도전에 대한 동기가 생겨나야 한다는 것이다. 우리 회사에 무작정 잡아둔다고 되는 문제는 아니다.

나 역시, 지금은 프레시코드라는 업체를 세워 사업을 활발하게 진행하고 있지만 언제까지 이 일을 계속할지 아무도 모르는 일이다. 다만 확언할 수 있는 것은 새로운 도전을 지속적으로 해 나갈 것이라는 다짐뿐이다. 나만 아니라 우리 창업팀 모두, 후발 직원들 모두 그런 도전을 즐기고 또한 기대하고 있다.

- 오너로서 회사 분위기를 좋게 만들어 나가는 것도 매우 중요한 일 같다.

좋은 분위기, 물론 좋다. 좋은 분위기라고 하면 대개 실리콘밸리처럼 많이 개방된, 수평 구조의 문화를 떠올린다. 그런데 내가 생각하는 좋은 분위기, 좋은 구조란 정확히 말해 '회사가 가야 할 방향성에 집중하는 사람들이 모여 있는 상황'이다. 우리가 만들어가는 비즈니스 모델을 통해 고객에게 좋은 가치를 전달하는 것. 반복해서 말하지만 우리의 목표는 그 이상도, 그 이하도 아니다. 이 비전을 공유하고, 그에 집중할 수 있는 환경을 만들고, 여기에 최적화된 인재를 안정적으로 고용하는 것. 좋은 사내 분위기를 만드는 최고의 방법이라고 생각한다.

스타트업의 장점이라면, 이런 비전을 한눈에 알아보고 찾아오는 인재들이 있다는 점이며, 이들을 발 빠르게 영입할 수 있다는 점이다. 덕분에 상대적으로 평범한 능력의 직원들도 뛰어난 인재들과 함께하면서 더 큰 성장들을 이뤄낼 수 있다. 이런 분위기를 만들어주는 게 대표의 역할이다.

• 능력 있는 인재를 채용하려면 만만치 않은 비용이 들 것 같은데 어떤가.

물론이다. 당연히 그래야 한다. 다행스럽게도 현실적인 사정을 감수해야 하더라도 함께 성장할 수 있는 비전을 가진 회사를 선택하는 이들이 제법 많다. 이런 이들 덕분에 과거 10년 전에 비해 스타트업에도 다양한 인재들이 존재하고, 실제적으로 다양한 형태의 채용이 이뤄지고 있다. 회사도 인재를 고르지만 인재도 회사를 고른다. 창업자만 필요한 인재를 찾아 헤매는 게 아니라 구직을 원하는 인재들도 훌륭한 마인드를 가진 창업자를 찾아다닌다. 발전적인 미래 모델이라고 생각한다.

• 대표가 1988년생이고, 직원들 대다수가 1990년대에 태어났다고 들었다. 요즘 젊은 세대들은 스타트업을 창업하는 데 관심이 많은 것 같다.

맞다. 사람들이 가장 많은 영향을 받는 것은 사실 다른 사람이다. 과거에는 이런 식의 사업이, 이런 식의 사업을 하는 사람들이 거의 없었다. 그러나 이제는 우리나라뿐만 아니라 전 세계적으로도 아주 다양한 분야에서 아주 다양한 형태, 다양한 구조의 업종을 개척하고 창업해서 운영하는 것을 흔히 볼 수 있다. 아직은 일반 직장인에 비해 그 숫자가 적기는 하다. 그러나 이 분야에서 크게 성공한 이들이 많아지고, 그들이 사회에 좋은 가치를 선사하는 모습들이 매스컴을 타면서 이 같은 사업 모델도 덩달아 긍정적인 평가를 받는 것 같다.

먼저 걸어간 사람들이 만들어놓은 길을 보면서, '그래도 과거보다는 많이 안정적인 것 같다'고 생각하며 스타트업에 관심을 갖는 이들이 크게 늘어나고 있다.

> • 요즘 사회의 주역으로 서서히 부각되고 있는 1990년대생 청년들이 유난히 똑똑하고 사회에 민감한 세대라는 평가가 있다. 그런가 하면 대기업에 취직한들, 흔히 말하는 좋은 직장을 잡은들, 나중에 결론은 치킨집 사장 신세라는 인식도 팽배하다. 평생 월급쟁이로 돈을 모아봤자 서울에서 집 한 채 못 사는 사회 구조다. 그러니 역설적으로 '어차피 헬조선, 나중에 치킨집 차리느니 사업으로 대박을 터뜨려보자' 하는 도전 심리도 있지 않을까?

── 1990년대생이 몰려온다

비슷한 주제를 두고 우리 회사의 1990년대생 직원들과 많이 이야기를 나누었다. 무엇보다 먼저 이야기하고 싶은 것은, 사업으로 대박을 낸다는 게 절대 쉬운 일이 아니라는 사실이다. 첫 번째 사업을 시작했을 때 나도 아주 빠르게 성공할 것이라 기대하고 예상했다. 그러나 쉽지 않았다. 뭐든 생각보다 장기전으로 진행된다. 사업이라는 게 5년, 10년, 적어도 그 이상은 보고 가야 어떤 결과들이 만들어진다.

• 첫 번째 사업은 어쩌다 실패했나?

실패의 이유는 늘 다양하다. 에어비앤비라는 글로벌 공유 숙박 플랫폼과 관련된 일을 국내에서 진행했다. 당시에는 비즈니스 모델이 지금과 달리 조금 복잡하기도 했고, 아무래도 부동산과 여행 쪽이다 보니 정책적인 문제가 있어서 확장성이 크지 않았다. 수익 부분에 어려움이 있어서 사업을 접게 되었지만, 아직도 에어비앤비 같은 구조를 굉장히 좋아한다. 소유 없이 계속 거래를 일으킨다는 점이 매력이다.

── 샐러드로 대한민국을 연결하다

이런 비즈니스 모델을 실생활에 도입할 방법이 없을까? 고객들의 니즈를 어디쯤에서 찾을 수 있을까? 고민하다가 지금의 프레시코드를 고안하게 되었다. 우리는 오프라인 공간을 직접 만들거나 비용을 들여서 확장을 꾀하는 모델이 아니다. 고객들이 어떤 공간을 우리 웹사이트에 제공하면 그쪽을 픽업 장소로 만들어서 건강 관련 상품들을 제때 맞춰 배송하는 비즈니스다.

프레시코드는 냉장 시설을 갖춘 매장 하나 없이 공유 거점 배송지를 통해 샐러드를 배송해준다.

　쉬운 사업이 아니다. 샐러드 도시락을 생각해보라. 신선식품이다. 까딱 잘못되면 금세 폐기처리해야 한다. 게다가 소비자들의 다양하고 까다로운 니즈를 맞추려면 신선함을 유지하는 것이 생명이다. 당연히 냉장 시설이 잘 갖춰진 매장에서만 판매되어야 하는데, 우리는 오프라인 매장이 아예 하나도 없다. 대신에 센트럴 키친에서 만들어서 공유 거점 배송지인 프코스팟에 배달해준다. 세상에 없는 모델을 비즈니스에 접목시킨 것이다.

　2016년 모두 세 곳의 딜리버리 프코스팟으로 시작했고, 지금은 407개소까지 확장했다. 2년 안에 3,000개 정도의 딜리버리 프코스팟을 만들 계획이다. 추가 비용을 들이지 않고도 유통망을 확장해 그 안에서 상품들이나 부가 서비스를 판매하는 회사로 성장시키고자 한다.

에어비앤비 서비스를 생각해보라. 전통적인 호텔 산업 측면에서 봤을 때 얼마나 말도 안 되는 모델이었나. 내가 시작한 첫 번째 사업은 내게 커다란 공부이자 두 번째 사업을 잘할 수 있도록 도와준 경험이자 밑거름이었다.

스타트업이나 창업에 관심 있는 이들에게 해주고 싶은 조언 중 하나가 실패를 두려워하지 말라는 것이다. 빨리 실패해봐야 빨리 배우게 된다. 스타트업은 초기에 리소스가 굉장히 제한되어 있지 않은가. 빨리 시도해서 빨리 실패하고 빨리 자기 검증을 받아보는 것도 좋은 방법이다. 나도 매일매일 수많은 실패를 거듭한다. 그러나 포기하지 않는 이유는 한 번의 실패가 그만큼 성장할 가능성을 높여준다는 믿음, 안 되는 이유를 하나 더 제거해준다는 믿음 때문이다.

• 업체 대표로서 어떤 목표가 있나?

반복되는 말이지만 내게 가장 큰 영감을 준 비즈니스 모델은 에어비앤비다. 2019년 글로벌 공유 오피스에서 주최한 '위워크 크리에이터 어워즈 서울' 행사가 있었는데, 우리가 우승을 차지했다. 위워크 창업자가 직접 방한해서 수상하는 자리에서 나는 이런 수상 소감을 밝혔다.

"앞으로 프레시코드가 우버, 에어비앤비 같은 글로벌 공유경제 서비스로 성장하는 과정을 지켜봐주십시오."

한국의 수많은 회사들이 궁극적으로 목표로 하는 것은 무엇일까? 바로 글로벌 진출이다. 하지만 쉽지 않은 게 현실이다. 국내에서 성공하는 것도 굉장히 어려운 일이니 말이다. 어쨌거나 나는 스타트업에 뛰어들 때부터 에어비앤비 같은 글로벌 공유경제 서비스에 대한 꿈을 갖고 있었다. 내 개인적인 목표다. 그런 글로벌 서비스를 만들어서 해외에서 경쟁력 있는 회사를 움직일 수 있다면 나뿐 아니라 우리 회사 멤버들 모두 대단히 멋진 경험을 하게 될 것이라고 확신한다.

• 좋은 경영자의 자질은 무엇이라고 생각하는가?

사전 질문지를 받고 이 부분을 가장 많이 고민했다. 좋은 경영자라……. 창업도 결국은 사람이 하는 일이다. 창업자도 결국은 사람이다. 많이 흔들릴 수밖에 없다. 이 비전이 맞다고 믿고 싶지만 100% 확신할 수는 없다. 멀리서 보면 아무것도 아닌 것 같지만, 사업이라는 게 가까이에서 살펴보면 너무나도 많은 문제들이 꼬이고 꼬여 있는 세계다. 그럼에도 불구하고 회사의 크기와 미래의 운명을 결정하는 것은 바로 창업자의 비전과 꿈이라도 해도 과언이 아닐 것이다. 큰 비전과 꿈을 잃지 않고, 회사가 잘 되거나 안 되거나 상황이 좋거나 나쁘거나 인내심을 갖고 다양한 상황에서 부딪치는 문제들을 계속 해결해 나가는 신념을 보여주는 것이 좋은 경영자의 자세라고 생각한다.

• 직원들에게는 월급을 제때 많이 주는 경영자가 좋은 경영자
아닐까?

물론이다. 그럴 수도 있다. 그런데 얼마 전 이런 기사를 읽은 적이
있다. 하버드대학에서 직장인들을 대상으로 설문조사를 했다. 직장인
으로서 가장 행복했을 때가 언제냐는 질문에 가장 많은 대답이 '내가
생각한 대로 일이 잘 풀렸을 때'였다. 그런가 하면 직장인으로서 가장
불행했을 때를 묻는 질문에는 가장 많은 사람들이 '내가 생각한 것과
달리 일이 안 풀렸을 때'라고 답했다. 급여나 대우는 물론 직장 생활에
서 무시할 수 없는 중요한 부분이다. 팀원들과 함께 이런저런 일들을
풀어 나가는 능력과 책임, 권한, 성장이 받쳐줘야 더 큰 삶의 만족이 가
능하다.

• 어느 성공한 창업자를 인터뷰하다가 "지금 대한민국은 단군
이래 제일 돈 벌기 좋은 세상이다"라는 말을 들었다. 이 말에
동의하는가?

대체로 그렇다. 새로운 돈벌이의 시대, 새로운 개념과 구조의 창업
모델을 누구나 연구하고 고안해서 만들 수 있는 시대, 누구나 이를 실

용화해서 현실적으로 성공을 거머쥘 수 있는 시대다. 그런 판이 열려있다.

1980년인가, 매킨토시가 처음 나왔을 때 스티브 잡스가 언론과 인터뷰했을 때의 이야기다.

"개인용 컴퓨터 분야에서 큰 성공을 이뤘는데, 앞으로 더 큰 성공을 이루기 위해 무엇이 필요할 것 같습니까?"

이런 질문을 받은 스티브 잡스의 답변이 이러했다.

"요즘처럼 컴퓨터와 인터넷을 잘 모르는, 그리고 이에 대해 부정적인 인식을 가진 고객 세대가 다 죽으면 그때 엄청난 성공과 발전이 뒤따를 겁니다."

── 창업의 시대적 유산은 계속 이어진다

고약한 이야기 같지만 시사하는 바가 크다. 지금은 컴퓨터, 인터넷, 스마트폰에 대해 모르는 사람도, 거부감을 가진 사람도 거의 없는 시대다. 스티브 잡스가 말했던 조건이 이미 충족된 세상인 것이다. 장차 사회가 복잡해지면 복잡해질수록, 변화가 심해지면 심해질수록 기회는 더 많이 열릴 것이다. 거기에 어떤 방식으로 도전하고 접근하느냐가 미묘한 문제가 될 것이다.

이런 상황에서 그나마 다행스러운 것이 나는 사실상 창업 1세대가 아니라는 점이다. 1세대가 다양한 시행착오를 거듭하며 남겨놓은

• 프레시코드 고객 데이터

주고객 직업	주고객 성비	주고객 연령대

프리랜서·학생·무직

남성 36.7%

그외

직장인

여성

20·30대

80% 이상 **63.3%** **68%**

출처 : 프레시코드

결과들, 그 유산들을 통해 간접적으로 통찰력을 얻을 수 있었다. 내 세대가 그러했듯, 앞으로는 이런 간접학습의 기회들이 더욱 다양해지지 않을까?

- '이렇게만 하면 창업 시장에서 성공할 확률을 크게 높일 수 있다' 같은 식의 조언이 가능할까?

고객이다. 고객을 연구해야 한다. 고객이 좋아하는 것, 고객이 찾고 원하는 게 뭔지 가장 먼저 파악해야 한다. 고객이 망설이지 않고 선뜻 구매하고 소비할 수 있는 라이프 스타일을 만들고 팔아야 한다. 상품이란, 서비스란 결국 고객의 문제를 해결해주는 모든 것이다. 여기서 중요한 것이 상품은 단순한 공산품 같은 하나의 물건이 아니라는 점이다. 그 이상이라는 점이다. 모든 상품에는 고객 편의라는 서비스가 섞여 있다. 어려운 문제다. 예전에는 튼튼하고 값싸고 가벼운 신발을 만들어내기만 하면 그 상품을 팔아서 부를 축적하는 데 별 문제가 없었다. 별다른 고민하지 않고 그저 열심히 팔기만 하면 됐다. 그러나 지금은 다르다. 엄청난 양의 정보가 쏟아지고, 이 정보에 누구나 모바일로 접근할 수 있게 됐다. '고객이 어려워하는 문제를 해결해줄 수 있는 비즈니스냐'가 성패의 차이를 만든다. 고객이 곤란함을 느끼는 문제에 접근하려는 서비스 마인드가 중요하다. 그 같은 가치를 만들고 팔아야 흥할 수 있다.

고객이 어려워하는 문제가 무엇일까? 아무도 모른다. 고객 자신도 모를 때가 많다. 그 가려운 곳을 회사가 찾아야 한다. 그리고 시원하게 긁어줘야 한다. 샐러드를 예로 들면, 요컨대 몸에 부족한 성분 때문에 피로감을 자주 느끼거나 나아가 질환식을 섭취해야 하는 상황인데도 고객이 이를 까맣게 모르고 있는 경우가 꽤 많았다. 이에 착안해 비타민과 무기질이 풍부한 과일이나 야채를 샐러드에 추가해서 건강을 도모하는 서비스를 내놓았더니 반응이 무척 좋았다. 이런 것도 하나의 '문제 해결'이라고 할 수 있다.

생활 속에서 '절대 없으면 안 되는 요소'가 있는가 하면 '없어도 크게 상관없지만 추가하면 삶의 만족도가 일부 향상되는 요소'도 있다. 의식주 전 분야에 두루 존재하는 이런 요소에 집중할 필요가 있다. 이런 카테고리의 사업에는 무궁무진한 가능성이 있다.

• 수익이 어느 정도인지, 투자는 얼마나 받았는지 궁금한 독자
들을 위해 간단하게나마 귀띔해달라.

내 경우, 보통 회사의 과장급 월급 정도를 벌고 있다. 회사 매출은,
진행 중인 액수이지만, 2019년 상반기에 15억 원 정도의 매출을 기록
했고, 하반기까지 합쳐서 50억~60억 원 정도를 기록할 것으로 기대하
고 있다. 투자의 경우, 지금까지 이것저것 합쳐 17억 원 정도 받았다.

• 마지막 질문이다. 10년 뒤 계획이 있다면?

프레시코드를 글로벌 사업으로 확장하는 것이 사업가로서 가지고
있는 최대 목표다. 기존 유통 구조에서 발생하는 문제점들을 해결해가
며 최고의 건강 신선 편의식 유통판매에 집중해 대한민국 1등 건강 관
련 버티컬Vertical 플랫폼이 되도록 노력할 것이다. 개인적인 계획이라
면, 10년 주기로 뜻이 맞는 사람들과 새로운 프로젝트를 함께해 나가
고 싶다. 또한 그간의 사업 경험을 토대로, 투자자로서 초기 창업자를
돕고 싶다.

시장의 중심에 선 개인들

─1인 세포마켓, 콘텐츠 인플루언서가 만드는 미래

최지혜 서울대학교 소비트렌드분석센터 연구원

국세청 통계 연구를 보면 해마다 통신판매업 숫자가 큰 폭으로 늘어나는 것이 눈에 띈다. 통신판매업, 다시 말해 인터넷 쇼핑몰과 SNS 마켓이 크게 늘어난 원인으로는 최근 들어 진입 장벽이 큰 폭으로 낮아진 것을 들 수 있다. 인터넷 쇼핑몰이라고 하면 예전에는 도메인 이용비나 디자인 구축비, 홈페이지 운영비 같은 게 필요했다. 요즘은 SNS 계정만 있으면 누구나 무엇이든 상품을 사고팔 수 있는 시대다. 달리 표현하면, 투자 가성비가 높아졌다고 할 수 있겠다.

최근 쇼핑몰업계의 특징에는 어떤 것들이 있을까? 같은 말을 되풀이하는 것 같지만, SNS를 통해 누구나 쉽게 접근 가능하다는 점을 들 수 있다. 이런 특징 때문에 기존 직업이 있는 이들이 투잡 스리잡의 용도로 접근하기도 한다. 2개 이상 직업을 가진 이들을 'N잡러'라고 부르는데, 많은 N잡러들이 SNS 마켓을 통해 상품을 판매하는 형태가 나타나고 있는 것이다.

'퇴직 후 어떤 삶을 살 것인가' 또는
'퇴근 후 어떤 시간을 보낼 것인가'

과거에 인터넷 쇼핑몰을 운영한다고 하면 본격적으로 사업에 뛰어든다는 뜻이었다. 다른 직업을 가진 채 세컨드 잡으로 운영하기엔 환경적으로 어려운 측면이 있었다. 그러나 최근 들어 진입 장벽이 거의 붕괴 수준으로 낮아지면서 인터넷 쇼핑몰을 운영하는 N잡러들이 늘어나고 있다. SNS 마켓, 동영상 플랫폼이 사용하기 쉽게 활성화되면서 그

최지혜 연구원.

간 막연하게 세컨드 잡을 찾으려고 궁리만 하던 사람들이 이 플랫폼을 적극 이용하고 있다. 그 저변에는 평생직장에 대한 개념이 많이 희미해졌다는 사회 분위기가 있다.

비교적 안정된 직장을 갖고 있는 이들조차 '퇴직 후 어떤 삶을 살 것인가' 또는 '퇴근 후 어떤 시간을 보낼 것인가'를 고민하고 있다. 막연한 불안감 또는 기대감으로 미래를 준비하는 사람들이 늘어나고 있다. 하여, 예전에는 취미 정도로 생각했던 것들이 생업으로 이어지는 현상이 나타나고 있다.

세포마켓, 그리고
N잡러들

이른바 '세포마켓'이란 신조어가 주목 받고 있다. 《트렌드코리아 2019》에 처음 등장한 키워드로 1인 유급 노동자, 1인 사업자를 의미하는 말이다. '소비자들이 세포처럼 분화한다'는 의미에서 그런 이름이 붙었다.

세포마켓에는 세 가지 유형이 있다. 첫 번째는 유튜브와 아프리카 TV 등 '동영상 플랫폼을 통해 내가 제작한 콘텐츠를 송출'함으로써 유급 노동이 발생하는 형태다. 두 번째는 'SNS를 통해 내가 만든 상품 또는 다른 사람이 만든 상품을 에디팅(콘셉트 편집)'해서 판매하는 형태다. 세 번째는 동영상 플랫폼이나 SNS를 통해 인기를 얻은 크리에이터들이 전통적인 유통 채널이라고 여겼던 백화점에 팝업 스토어 형태로 등장, '개인 브랜드를 론칭하거나 아니면 굿즈 시장을 키우는 형태'다. 그런가 하면 SNS가 아니더라도 '재능공유 플랫폼'을 통해 기사 작성, 악기 연주, 동영상 촬영과 편집 등 재능을 판매하는 방식도 세포마켓의 한 가지 형태로 볼 수 있다.

최근 1~2년 새 다양한 형태로 분화되며 빠른 속도로 늘어나고 있는 세포마켓. 개중 대세로 들 수 있는 것은 역시 인터넷 쇼핑몰로 불리는 1인 마켓이다.

타인과의 차별성,
나만의 독특한 취향 '개성'

세포마켓 또는 1인 마켓이라 불리는 소규모 인터넷 쇼핑몰들에서 시대적 특성을 발견하는 것은 어려운 일이 아니다.

첫 번째로, 앞서 이야기한 것처럼 평생직장을 이야기하기 어려운 시대가 되면서 사회 전면에 부각된 N잡러들의 등장이다. 2개 이상의 복수를 지칭하는 용어 'N'과 직업을 뜻하는 '잡'이 붙어서 '두 가지 이상의 직업을 갖고 있는 사람들'을 지칭하는 N잡러. 본업 외에 SNS 마켓이나 동영상 플랫폼 활동으로 부업을 창출하려고 꿈꾸는 사람들이 늘어나고 있다. 그런가 하면 은퇴를 앞두고 또는 지금 몸담고 있는 직장을 그만둔 후의 경제활동을 위해 새로운 시장에 진출하려고 고민하고 시도하는 경우도 적지 않다.

　두 번째로, 소비자들의 다양한 취향 욕구와 이를 발 빠르게 반영하는 시장 구조에 대해 생각해볼 수 있다. 요즘 소비자들은 과거에 비해 타인과의 차별성을 장점으로 생각하는 등 나만의 독특한 취향, 개성에 집중하는 경향이 있다. 소위 희귀템, 리미티드 아이템 등의 홍보, 유통이 용이한 SNS 마켓의 특성에 많은 이가 매력을 느끼는 이유다. 하나 더, TV에서나 볼 수 있는 연예인보다는 SNS 마켓이나 동영상 플랫폼의 인플루언서(influencer, SNS 등에서 수만, 수십만 명에 달하는 팔로어를 통해 대중에게 영향력을 미치는 이들)들은 친근한 이미지를 갖고 있다. 옆집 언니 같고 오빠 같은 이미지를 가진 이들의 라이프 스타일을 추종하면서 팬심으로서의 소비가 늘어나는 측면도 무시할 수 없는 수준이다.

고등학생 사장님부터
젊은 엄마 유튜버까지

　세포마켓 운영자들의 연령대는 굉장히 다양하다. 기본적으로는 SNS 세계의 문화, 동영상 플랫폼의 문법에 익숙한 젊은층이 업계를 선점하고 있다. 생산 유통과 판매, 소비 전 분야에서 그렇다. 베이비부머 세대는 온라인에서 물건을 구매하는 행위에 거부감이 있는 게 사실이다. 그러나 최근 세포마켓을 운영하고 소비하는 양 주체의 평균 연령이 크게 다양화되는 추세다. 처음에는 SNS나 인터넷 동영상 플랫폼에 낯

요즘엔 평생직장이라고
얘기하기가 어려운 시대가 되면서

설어 하던 기성세대가 더욱 적극적으로, 더욱 주체적으로 참여하기 시작한 데 따른 변화다. 극단적인 예를 들면, 최근 유튜브 등에서 인기를 누리고 있는 박막례 할머니를 대표적인 사례로 꼽을 수 있다. 방송 경력이 전혀 없는 고령의 일반인이 우연한 계기에 동영상 플랫폼에서 깜짝 스타로 발돋움한 이후, 종이책을 출간하고 CF 모델이 되는 등 활발한 모습을 보이고 있다.

인터넷 쇼핑몰에 올릴 신상품을 찾아 판매자들이 자주 찾는 곳 가운데 하나로 전국의 도매시장을 꼽을 수 있다. 대박 신화를 꿈꾸는 곳이요, 소규모 창업의 희망이 가득한 공간이다. 유명 도매시장에 가보면 평일 한낮에도 새로운 물건을 찾아 나선 쇼핑몰 관리자들을 어렵지 않게 만날 수 있다. 흥미롭게도 이들의 연령대는 대단히 다양하다. 10대

고등학생도 있다. 도매시장에서 "사장님" 소리를 듣는 소년들이다. 그런가 하면 30~40대 여성들, 젊은 엄마들도 눈에 띈다. 영유아 자녀를 둔 엄마들이 경력 단절이 된 뒤 SNS 마켓을 통해 창업에 나선 것이다. 나아가 인터넷 쇼핑몰에서 시니어 소비자층이 증가하면서 이들을 공략하려는 중장년 쇼핑몰 관리자들도 조금씩 늘어나고 있다.

10년 전에는 공무원, 요즘은 크리에이터

10대 청소년들에게 장래 희망하는 직장을 물어보았을 때, 10년 전만 해도 가장 많이 선망되던 직군은 공무원이었다. 요즘은 크리에이터가 1위를 차지한다. 좋은 학교를 졸업해서 좋은 직장에 가는 것보다는 나만의 콘텐츠를 가지고 동영상 플랫폼이나 SNS 마켓을 운영하는 게 더 좋다는 것. 그 편이 더욱 자유롭고 즐겁고 경제적으로도 유망하다는 것. 사회적인 인식과 궤를 같이하고 있는 현상이다.

영유아 자녀를 둔 엄마들의 1인 마켓 창업은 경력 단절 문제와 관련이 깊다. 많은 여성이 출산과 함께 경력 단절을 겪는데, 자신이 집에서 쌓은 살림 노하우나 육아 노하우를 녹여서 자신이 불편했던 점을 해결할 아이디어를 상품으로 개발하는 경우가 많다.

1인 마켓 창업 붐에 대해 일부 전문가는 이것이 1980~1990년대 프랜차이즈 붐과 비슷한 패턴을 보인다고 해석한다. 프랜차이즈는 가

맹점인 프랜차이지들이 본사인 프랜차이저의 상표, 상호, 서비스표, 휘장 등을 사용하고 동일한 이미지로 상품 판매, 용역 제공 등 일정한 영업 활동을 하면서 그 같은 권리 및 영업상 지원의 대가로 일정한 경제적 이익을 지급하는 계속적인 거래 관계를 말한다. 프랜차이지 입장에서는 사업 초기의 투자비용이 적고 빠르게 수익을 올릴 수 있다는 등의 이점이 있다. 1인 마켓의 경우, 사업을 시작하기까지의 진입 장벽이 낮고 그만큼 투자 가성비가 좋다는 측면에서 비슷한 모양새다. 그러나 사업 구조상 여러 측면에서 직접 비교하는 것은 무리가 있다.

1980~1990년대 프랜차이즈
열풍을 넘어서는 성장 전략

어떤 전문가들은 1인 마켓 창업 붐이 일종의 거품 현상이며, 그 인기가 머지않아 수그러들 것이라고 주장한다. 그러나 창업을 준비하는 이들에게 거품 현상인가 아닌가를 전망하는 문제는 그다지 중요하지 않다. 오히려 우리가 주목해야 되는 부분은 SNS 마켓이나 동영상 플랫폼을 통해 유명해진 크리에이터들이 전통적인 유통 채널로 넘어오고 있다는 사실이다. 그런 인플루언서들이 전통적인 시장 문화의 변화를 주도할 것인가, 나아가 전혀 다른 방식으로 진화시킬 것인가에 주목하는 게 더 중요하다. 동영상 플랫폼의 어느 유명 크리에이터는 1년에 한 번씩 페스티벌을 개최한다. 이런 놀이 문화가 이어지면서 굿즈를 판매

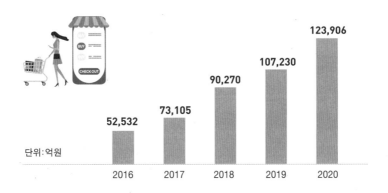

• 연도별 온라인 쇼핑 거래금액 증가 추이 (1월)

123,906

107,230

90,270

73,105

52,532

단위 : 억원

2016 2017 2018 2019 2020

자료 : 통계청

하거나 전통적인 유통 채널로 넘어오거나 하는 식으로 다양한 영역 확장이 이어지고 있다. 예전 방식으로 돌아오는 게 아니라 전혀 새롭게 영역을 확장하고 있는 것이다. 이렇게 변해가는 시장의 상황을 지켜보고 가능한 한 다양한 방향으로 예측해보면서 나름의 성장 전략을 구상하는 시간이 필요하다.

국세청 통계 연보를 보면 2014년 12만 개 정도였던 온라인 마켓은 2017년 18만 개로 매우 큰 폭 증가했다. 온라인 마켓과 동영상 플랫폼의 증가세가 거품이건 아니건, 당분간 이 세계의 확장성은 계속해서 이어질 것으로 대다수 전문가가 판단하고 있다. 무엇보다 이 시대 소비자들이 저마다 독특한 콘텐츠에 대한 니즈를 가지고 있다는 점이 중요하다. 다만 한 가지. 현재 우후죽순으로 생겨나는 채널의 숫자에 대해서는 질적 측면에서 자정 작용이 이뤄지고 좋은 콘텐츠가 걸러지는 시장 정리 과정을 겪는 것은 피할 수 없는 일일 것이다.

콘텐츠 관리와 전자상거래에선
소비자와의 신뢰 구축이 중요

특히 온라인 동영상 플랫폼들의 경우, 한순간에 이 문화가 사라질 것으로 보이지는 않는다. 오히려 점점 더 늘어날 것으로 전망된다. 여기서 우려되는 문제. 반드시 개선 장치를 마련해야 할 부분이 있다는 것이다. 사실 동영상 플랫폼이나 SNS 마켓의 경우, 10대 소비자들도 많이 사용하고 있다. 그런데 이런 콘텐츠에 대한 이른바 영상물 등급제 같은 시스템이 제대로 마련되어 있지 않다. 또한 전자상거래다 보니 소비자들이 겪는 불편함이 제대로 해결되거나 보상받지 못하는 피해 사례들이 많이 보고되고 있다. SNS 마켓이나 동영상 플랫폼도 결국은 소비자들이 상거래하는 플랫폼이다 보니 허위 광고나 기만 광고 같은 문제점들이 발생하고 있다. 이러한 문제들이 개선되지 않으면, 그 피해는 고스란히 서비스 제공자들에게 돌아갈 수밖에 없다. 언제고 소비자들이 떠나갈 것이기 때문이다. 따라서 콘텐츠 관리와 전자상거래에서 소비자와의 신뢰를 구축하는 대책이 절실하다. 어떤 거래든 지속적인 신뢰만큼 중요한 것은 없다.

최근 정부는 SNS 마켓과 동영상 플랫폼 콘텐츠, 전자상거래 프로세스를 효율적으로 관리하려는 움직임을 보이고 있다. 당연한 시대적 과제다. 세포마켓이 건강하게 성장할 수 있도록 적절한 관련 법 제정과 규제가 필요하다.

나만이 창조할 수 있는
콘텐츠는 무엇인가

끝으로 SNS 마켓이나 동영상 플랫폼에서 선풍적인 인기를 얻고 큰돈을 벌고 있는 크리에이터들, 유명 인플루언서들을 어떻게 바라보아야 하는가 하는 문제를 언급하고 싶다. 이들이 심심치 않게 미디어에 등장하면서 새로운 문화를 만들어 나가고 있다. 이런 모습에 상대적 박탈감을 느끼는 이들도 많다. '나도 저렇게 해보고 싶다'는 느닷없는 의욕을 갖는 경우도 적지 않다.

세상에 이유 없는 성공은 없다. 지나친 의욕과 욕심은 큰 실패와 실망감으로 이어지기 쉽다. 내가 잘할 수 있는 분야, 나만이 만들 수 있는 콘텐츠가 무엇인지 침착하게 돌아보는 과정이 우선되어야 한다.

체인져스, 위기!

실패는 일상이다.
두려워하지 말고 배워라

퇴직금을 포함해 평생 모은 돈 4,000만 원에 동업자의 돈 4,000만 원을 더해 8,000만 원으로 사업을 시작했다. 처음부터 고통의 연속이었다. "창업이란 결국 10명 가운데 9명은 망하는 게임"이라는 주변의 충고가 귓가를 떠나지 않았다. 망하지 않는 10%에 들기 위해 거의 온몸으로 발버둥쳤다.

개업한 이후 3개월 동안 매달 400만 원 정도 적자를 봤다. 동업자와 함께 쏟아부은 8,000만 원은 보증금과 인테리어로 모두 녹아 없어진 상황이었다. 사업을 운영하기 위해 동업자와 다시 200만 원씩 쥐어짜서 쏟아부었다. 이직한 회사에서 매달 나오는 월급 200만 원이었다. 동업자와는 매일 지옥처럼 서로 바닥을 드러내면서 싸웠다.

결혼한 이후 내내 반지하 전셋집 신세였다. 인건비를 줄이기 위해

주언규 34/온라인 쇼핑몰 운영
질 되는 것까진 아니더라도
망하지 않는 방법 정도는 알게 되더라고요

주언규 유튜브 채널 〈신사임당〉 운영자.

임신한 아내도 나와서 일을 거들었다. 퇴근한 뒤 창업한 일터에 나와 두어 시간의 수면 시간을 제외하고는 모든 시간을 쏟아부었다. 그러나 여전히 힘들기만 했다. 상황이 나아질 기미는 어디에도 보이지 않았다. 사업이란 원래 이렇게 고통스러운 것이라는 생각에 그저 참고 또 참았다.

유튜브 채널 〈신사임당〉의 운영자 주언규 씨의 이야기다. 창업 이후 맛본 실패와 좌절, 고난의 경험들에 관한 대담이다. 창업에 성공한 우리 시대의 대표적인 체인져스, 월 1억 원 이상의 고소득을 올리며 "지금이 단군 이래 돈 벌기 가장 좋은 세상"이라는 명언(?)을 남긴 그도 초창기에는 남들과 다르지 않은 고통의 시간들을 겪어내야만 했다.

────── **투자자에게 거절당하고 직원들 월급까지 밀리고**

"2017년이니 오래전 이야기도 아니네요. 우리의 모든 것이 담긴 청사진을 내놓고 투자자에게 가능성을 물었다가 일언지하에 거절당했어요. 대신 지극히 비관적인 피드백을 받았지요. 가장 힘든 순간이었어요. 지금 생각해보면 너무도 당연한 피드백이었지만 말이에요."

– 정유석 프레시코드 대표

"정말 열심히 했어요. 그러나 그만큼의 성과는커녕 자꾸 실패만 반복되는 느낌이었어요. 느낌이 아니라 실제로 그랬지요. 직원들의 급여마저 주지 못하고 미뤄야 할 상황이었으니까요. 그때 밀려드는 죄책감은 정말 엄청났어요. 사업이라는 것이 열심히만 한다고 무조건 성공하는 게 아니라는 것을 통감해야 했어요. 사업이란 '나 하나만 죽고 사는 문제'가 아님을, 나를 믿고 함께해주는 많은 이해관계자들을 향한 책임감이 막중한 일임을 다시 한 번 깨닫게 되었지요."

– 조정호 벤디스 대표

"지금 생각하면 암담하고 부끄러운 이야기이지만, 사업 초기에 대부분의 고객이 지인으로만 채워지던 시기도 있었어요. 한 시간 동안 들어오는 주문이 고작 한두 건. 고객 숫자를 손으로 셀 수 있을 정도였고, 매출 역시 제자리걸음을 반복하는 수준이었죠. 이런 일을 하루이틀도 아니라 매일매일 지켜보고 있어야 하는 상황이 정말 고통스러웠어요. 물론 우리가 가는 방향이 옳은 것과는 별개로 그 과정이 쉽지 않을 것이라는 각오는 했어요. 그랬는데도 막상 어려움이 눈앞의 현실로 다가오니 이런저런 고민이 생겨나더군요. 과연 이런 성장 속도로 우리가 꿈꾸는 것들을 이뤄낼 수 있을까? 우리 또한 지향점에 도달하지 못하고 사라져버린 수많은 스타트업들처럼 역사의 일부가 되지 않을까? 하는 두려움이 떨쳐지지 않았어요."

– 김슬아 마켓컬리 대표

——— 넘어질 때마다 무언가를 주워라

남들보다 한 발 앞서 창업 대박의 꿈을 실현한 체인져스 역시 창업 초기부터 현재에 이르기까지 다양한 실패와 좌절을 경험해야만 했다. 처음부터 화려하게 꽃을 피운 성공 신화는 찾아보기 힘들었다. 한창 가파른 성장세를 보이고 있는 업체 역시 과정 과정마다 크고 작은 실패들을 경험했다. 요컨대 사업상의 실수와 실패에서 완벽하게 자유로운 창업자는 없었다.

실패와 좌절의 눈물에 대한 체인져스의 사연들 속에는, 그러나 실패와 좌절의 고비마다 멈추지 않고 일어서는 '되새김의 지점'이 존재했다. 그리고 이들은 대체로 다음과 같은 결론에 이르렀다.

· 실패는 엄청난 나락이다. 되도록 피해야 한다.

· 실패에는 되돌릴 수 없는 실패가 있고, 그렇지 않은 실패도 있다.

· 실패는 어찌 보면 피할 수 없는 일상의 하나다.

· 어차피 경험할 수밖에 없는 실패 때문에 너무 괴로워하지 말자.

· 되도록 적게, 작게 실패하도록 노력하자.

· 실패로부터 뭔가 배워야 한다.

실패로 인한 스트레스를 최소한으로 줄이고, 실패를 오히려 성장의 든든한 밑거름으로 삼은 체인져스의 지혜에 주목하자. 실패와 좌절을 딛고선 눈물의 절치부심, 그 결과는 다음과 같았다.

"나중에야 깨달았어요. 사업은 운이라는 것을. 그 깨달음 덕분에 기본적인 마인드가 변했어요. 그로 인해 결국 모든 것이 변했답니다. '10명 가운데 9명이 망한다면 10번 이상 도전할 수 있는 자본력을 갖든가, 그게 아니라면 적은 자본으로 10번 이상 도전할 수 있을 만한 규모의 사업을 이어가야겠구나. 그래야 확률 싸움을 할 수 있겠구나. 더 작은 사업을 했어야 했구나. 모든 돈을 쏟아 넣고 모든 열정을 태우는 대신 더 작되 지속 가능한, 성공 확률을 99%까지 높일 수 있는 게임을 운영했어야 했구나.' 이런 깨달음을 얻었지요.

늦게나마 깨달은 바대로 사업의 태도와 방향을 180도 바꿨어요. 그 결과는 대성공이었습니다. 덕분에 오프라인 매장을 4개까지 늘렸고, 무엇보다 온라인 쇼핑몰에서도 안정적인 사업을 이어갈 수 있었어요. 그 체험담과 교훈에 대해 소통하는 유튜브 채널을 개설해 큰 인기를 얻었습니다."

– 주언규 유튜브 채널 〈신사임당〉 운영자

─── 급변하는 세상에서 가장 큰 리스크는……

"'급변하는 세상에서 가장 큰 리스크는 어떠한 리스크도 감수하지 않는 것이다.' 페이스북의 마크 저커버그가 투자자인 피터 틸에게 들은 이야기입니다. 창업하기로 결심하고 실행에 옮긴 이후, 세상에는 '두 가지 안정감'이 있다는 것을 깨달았어요. 하나는 안정된 상황을 만들거나 거기 찾아 들어가 안주하며 느끼는 안정감. 다른 하나는 불안정한 상황에서 생존 스킬을 습득하며 느끼는 안정감. 돌아보면 제 성향에 더 어울리는 안정감은 후자인 것 같아요.

실패와 리스크를 감수하는 과정에서 생존 스킬을 하나씩 습득하면서 지금과 같은 성장을 이뤄냈습니다. 2018년 열 평 남짓 되는 공간에서 처음으로 '하루 1,000개' 주문을 달성해냈던 날을 잊을 수 없어요. '위워크 크리에이터 어워드 2019 서울'에서 우승했던 때도 빼놓을 수 없는 순간이지요."

– 정유석 프레시코드 대표

"첫 고객사가 생겼을 때, 정말 날아갈 듯 기뻤어요. 오랜 시간 연구하고 궁리한 끝에 개발한 서비스를 누군가 스스로 돈을 지불하고 기꺼이 사용한다는 것. 정말 무엇과도 바꿀 수 없는 감격이었지요."

– 조정호 벤디스 대표

"도무지 매출 부진에서 벗어날 기미가 보이지 않았어요. 결국 내부에서 답을 찾을 수밖에 없었어요. 이 모든 어려움이 결국은 '의미 있는 시스템을 만들어가는 과정'이라고 나 자신을 다독였고, 처참한 매출액을 한 달에 한 번 정도만 확인하면서 조급해지지 않으려 신경 썼어요.

마켓컬리 초기 파트너사들의 경우, 아예 온라인 거래 경험이 없는 곳도 많았어요. 당연히 우리가 상품을 제대로 판매할 수 있을지 우려하는 경우도 많았지요. 식품 온라인 구매라는 문화 자체가 생소한 환경에서 모든 것을 하나하나 만들어가야 했어요. MD들이 파트너사를 꾸준히 찾아다니고, 파트너사가 요청하는 배송 환경을 만들기 위해 포장재를 개발하는 등 다양한 노력을 기울였어요. '이게 맞다'고 생각하는 일을 꾸준히 해 나가다 보니 마침내 변화가 찾아오더라고요. '마켓컬리가 품질 관리 하나만큼은 제대로 한다'고 말하는 파트너사들이 하나둘 늘어나기 시작한 거죠. 어렵사리 인정받게 되었고, 그리하여 함께 성장하는 상생의 구조를 만들어 나갈 수 있었습니다."

– 김슬아 마켓컬리 대표

따지고 보면 사업에 있어서 실패와 좌절만큼 값진 경험은 없다. 체인져스들의 입을 모은 주장이다. 실패의 정도를 임의로 조절할 수 있다면 그런 전략을 세워보는 것도 좋다는 정범윤 다노 대표, 실패의 경험은 돈 주고도 못 산다는 점을 강조한 송명근 올리브유니온 대표. 두 사람의 이야기를 들어보자.

사업에서 실패는 필연,
하지만 되도록 작게 실패한다

정범윤 다노 공동대표

여성을 위한 다이어트 토털 솔루션 회사 다노의 공동대표 정범윤이다. 여성들에게 좋은 다이어트 정보들을 제공하는 한편 건강 다이어트 식품 판매, 온라인 운동 코칭 서비스 등을 포괄적으로 제공하고 있다.

• 스타트업 대표들의 하루 일과를 궁금해하는 이들이 많다. 수면 시간이나 평소 생활에 대해 말해달라.

정범윤 다노 공동대표.

평균적으로 새벽 2~3시쯤 잠들고 아침 8시에 일어난다. 보통 대여섯 시간 정도 자는 것 같다. 회사 업무를 마치고 귀가한 뒤 개인 시간을 보내는 것을 소중하게 여긴다. 이런 시간에는 대개 책을 읽고 취미 활동을 하고 이런저런 생각을 정리한다.

• 지금 회사가 두 번째 창업이라고 들었다.

첫 창업은 2010년경 했다. 20대 초반이었고 광고대행업이었다. 빠르게 시도했고 빠르게 실패를 맛봤다. 자만했던 것 같다. 하면 될 것 같은 믿음이 깨지면서 그 실패가 아주 뼈아팠다. 내가 아직은 부족한 사람이라는 것을 알게 됐다. 하지만 포기하고 싶지는 않았다. 아직 한창 젊은 나이였으니까. 2년 뒤 기회가 찾아왔다. 기회를 놓치지 않고 잡았다. 2012년 다시 창업했다. 2년 만이었다.

• 처음 사업은 왜 실패했을까? 본인이 생각하는 패인이 있다면?

같이 일했던 동료들과의 사이에 '왜 이 일을 하는지'에 대한 정의가 제대로 서지 않았던 것 같다. 그러다 보니 힘든 상황들이 발생할 때마다 현재 우리의 입장과 위치를 계속 되돌아보게 됐다. 이렇게 가도 되는 건지, 이게 맞는 길인지 고민이 많았다. 결국 '그냥 정리하는 게 낫겠다'는 결정이 내려졌다.

• 지금 회사를 창업하게 된 계기는? 그리고 목적은 무엇인가?

── 사람이 문제이고, 사람이 답이다

마찬가지로 결국 사람이 문제였다. 그리고 그 문제의 답 역시 사람에게서 찾을 수밖에 없다. 나는 어떤 아이템을 내세우고 '이거라면 잘되겠다' 판단한 뒤에 사업하는 사람이 절대 아니다. 어디까지나 '좋은 팀이 존재하는 게 우선'이라고 생각한다. 당시에 모임에서 만난 동료가 아주 인상적인 캐릭터였다. '다음에 창업한다면 이런 사람과 함께하고 싶다'라고 생각한, 바로 그런 사람이었다. 그에게 창업을 제안했고, 그리하여 같이 사업을 시작하게 됐다. 창업의 계기는 그러했고 목적이라면, 뭐 딱히 숭고한 목적이 있었던 것은 아니다. 그저 돈을 많이 벌고 싶었다. 그것도 빠른 시일 안에.

• 목표 삼은 액수가 있었나?

갑자기 물어보니 조금 부끄럽지만, 한 100억 원 정도?

• 다른 창업자들에게도 공통적으로 했던 질문이다. 그런데 이렇게 구체적인 답변을 들은 것은 처음이다.

―― 마흔이 되기 전에 100억을 벌겠다

지금은 정말이지 아무 의미도 없는 말이지만, 당시에는 '나이 마흔이 되기 전에 100억 원을 벌겠다'는 목표를 세웠다. 치기 어린 생각이었다. 시간이 지나면서 목표한 것도 많이 바뀌었다. 또한 '내가 왜 이 일을 하는가'에 대한 생각도 그때와는 다른 식으로 정리됐다.

• 다노의 비즈니스 구조를 설명해달라. 어떻게 수익을 창출하고 이윤을 내고 있는가?

온라인 다이어트 코칭 서비스 〈마이다노〉.

일단 우리는 고객들에게 '우리가 믿는 올바른 다이어트란 이런 것이다'라는 주제와 관련, 미디어 채널을 통해 소통해 나가고 있다. 그런 식으로 고객들과 계속적인 관계를 맺고 있다. 그렇게 우리라는 공동체의 크기를 키워 나가고, 그 과정에서 우리가 판단했을 때 좋은 제품이라고 생각하는 서비스와 식품 등을 판매하고 있다. 그렇게 해서 수익을 내는 형태의 사업이다.

• 다이어트를 원하는 소비자들에게 다이어트를 돕는 제품을 판매해서 수익을 얻는 건가?

제품도 판매하고 유료 서비스도 제공한다. 온라인 코칭 서비스다.

모바일상에서 여러 가지 미션이 주어지면 고객들이 그 미션을 수행하는데, 실제로 코치가 그 모습을 모니터링하면서 매번 피드백을 주고받는 온라인 오토 서비스다.

• 요즘 다노가 엄청 주목받고 있다는 이야기를 많이 들었다. 이런 종류의 비즈니스 구조가 어떤 이유에서 성공할 수 있었다고 생각하나? 지금까지 이런 플랫폼이 전혀 없었나?

—— 뻔한 이야기, 답도 없는 이야기를 계속하다

어려운 질문이다. 어떻게 보면 우리는 오랫동안 답 없는 이야기만 계속 전달했던 것 같다. 기존 다이어트 시장에 존재하는 공식은 이렇지 않았다. "이것만 먹으면 살이 쑥쑥 빠진다." "이런 방법으로 몇 개월 안에 책임지고 감량해준다." 이렇게 단기간에 빠르게 살을 빼고 싶어 하는 사람들의 마음을 이용하는 마케팅이 대부분이었다. 반면에 우리는 천천히 나아갔다. 답도 없는 이야기만 반복했다. "좋은 습관만이 답이다." "약품이 아니라 건강한 음식을 먹어야 한다." "꾸준히 운동하는 습관을 만들어야 한다." 이런 뻔한 이야기, 마음 급한 다이어터들의 귀에 들어오지도 않을 이야기를 지금까지 6년 넘게 계속 해왔다. 이제야 고객들이 우리의 진정성을 알아봐주는 것 같다. 그 덕분에 지금 상황까지 올 수 있지 않았나 생각한다. 그 덕분에 자연스럽게 회사가 성장할 수 있지 않았나 생각한다.

• 처음 창업할 때 몇 살이고, 당시 직업은 무엇이었나?

스물네 살이고 대학생이었다. 군대 다녀온 복학생. 경영학 전공이
었다.

• 경영학과 예비역이라……. 당시 어떤 상태였나? 창업을 굳게
결심하고 있었나, 아니면 보통 예비역 복학생들이 그렇듯 취
업을 앞두고 망가진 학점을 메우느라 바쁜 상황이었나?

일단 창업을 생각하는 친구들은, 요즘은 어떤지 모르겠지만, 당시
내 주변에는 없었다. 내 이야기를 하자면, 이상한 소리 같지만 롤모델
이 내 친형이었다. 형은 언제나 모범적이었다. 그런 형을 뒤따르듯 살
아온 것 같다. 당시 형은 취직해서 사회인으로서의 경력을 쌓는 중이었
는데, 나 역시 비슷하게 회사에 취업하면 '또 형하고 비교당하겠다'는
생각이 들었다. 형과 다른 삶을 택하고 싶었다. 다른 시도를 해보고 싶
었다. 그래서 사업에 도전장을 내밀었다. 요즘과는 다르지만 당시에도
소셜커머스들이 활발하게 활동하고 있었다. 당시도 젊은 창업자들이
적지 않았다. 저 사람들도 하는데 나도 할 수 있지 않을까? 그런 만용
을 부렸던 것 같다.

• '이러다 망하면 어떡하지?' 하는 걱정은 안 들었나? 아니면 현실적으로 '이렇게 시간 낭비하지 말고 빨리 취직 준비를 해야 할 텐데' 같은 생각은 들지 않았나?

별로 걱정하지 않았다. 처음 창업할 때는 정말 그랬다. 나 자신을 많이 믿었던 것 같다. 안 되리라는 생각은 정말로 해본 적 없다. 아무것도 몰랐기에 무모하지만 용감할 수 있었던 것 같다.

• 두 번째 창업 때는 어땠나? 첫 번째와는 뭔가 달랐나?

완전히 달랐다. '망하면 어떡하지' 하는 생각에 매달려 살았다. 첫 사업에 실패한 이후 부모님께 정말 죄송하고 면목이 없었다. 눈치도 보였다. 이번에는 정말 잘해야겠다고 실패하면 안 된다고 다짐하고 또 다짐했다. 그래서 사업을 시작하기 전 가능한 한 많은 사람에게 조언을 구하러 다녔다. 정말 신중하게 행동했다. 사업을 이어가면서도 내내 조마조마하게 미래를 굽어보았다.

'이러다 보면 3개월도 못 가서 망하겠다.' '6개월 뒤에도 살아남을 수 있을까?' '이제 1년 안에는 망하지 않을 것 같은데…….' 이렇게 계속 조심스러운 마음으로, 말미를 연장해가는 기분으로 사업에 임했다. 특히 사업을 막 시작한 초기에는 더욱 그러했다. 지금도 그 마음은 크게 다르지 않다.

• 회사를 경영할 때 어떤 점을 가장 중요하게 생각하는지 궁금
하다. 경영 철학이라고 하면 너무 거창할까?

기업의 존재 이유는 '문제를 해결하기 위해서'라고 생각한다. 기본
적으로 문제를 해결한다는 것은 달리 말해 가치를 창출한다는 의미와
같다. 그게 기업이라는 법인이 존재하는 이유다.

두 번째로 '기업은 고객, 구성원, 주주들에 대한 기대를 충족시켜
야 한다'고 생각한다. 기대를 충족시킨다는 것은 약속을, 여하한 종류
의 것이건 약속을 제대로 지킨다는 의미다.

세 번째로 '기업은 과정에 안주하지 않고 꾸준히 성장한다'고 생각
한다.

• 직원이 몇 명 정도인가?

70명 정도 된다.

• 대표로서 그들이, 그 직원들이 어떤 존재라고 생각하는가?

—— **직원이 아니라 구성원, 동료, 크루**

일단 나는 그들을 직원이라고 부르지 않는다. 대신 구성원, 동료,

크루, 이렇게 세 가지 호칭을 사용한다. 회사와 회사 구성원은 사실상 양쪽의 합의하에 선택된 관계다. 이 사람들은 원하는 바가 있기 때문에 이 조직을 선택했고, 회사도 원하는 바가 있기 때문에 이 사람들을 선택한 것이다. 쌍방 선택의 관계라고 할 수 있다. 서로 기대하는 부분을 잘 충족시켜줘야 한다. 그래야만 성립하는 관계다. 그래서 직원이란 단어 자체를 별로 좋아하지 않는다.

- 다시 묻겠다. 그럼 대표로서 구성원, 동료, 크루들이 어떤 존재라고 생각하는가?

아주 감사한 존재다. 기적 같은 존재다. 조그만 사업체를 꾸려가던 시절부터 지금까지 함께해온 동료들이 참 많다. 이 작은 조직 안에서 하나의 공통 목적을 가지고 공감대를 형성하면서 현재까지 함께해준 동료들에게 감사함을 많이 느낀다. 이들이 내게 기대하는 부분에 대해 큰 책임감을 느낀다.

- 구성원들을 채용할 때 대표로서 어떤 점을 가장 중요하게 보는지 궁금하다.

무엇보다 자기 자신을 얼마나 명확하게 이해하고 있는지가 중요하다. 내가 무엇을 좋아하는지, 무엇을 잘할 수 있는지, 앞으로 어떤 것을

하고 싶은지 명확하고 이해하고 그 내용을 솔직하게 소통할 수 있어야 한다. 그런 사람이라면 대표인 내 입장에서 판단할 부분이 아주 명확해진다. '이 사람이 원하는 것을 내가 줄 수 있는가?' '이 사람을 우리라는 배에 태워 함께 바다를 나아갈 수 있는가?' 이것만 판단하면 되기 때문이다.

── **채용의 제1조건, 자기 자신에 대한 명확한 이해**

또한 예측 가능성이라는 게 중요하다. 이 같은 바탕에서 시작해야 함께 오래 갈 수 있다.

물론 채용 기준은 여러 가지가 있을 수 있다. 문제 해결 능력, 커뮤니케이션 스킬, 타인에 대한 배려 등등. 어쨌거나 자기 자신에 대해 진지하게 고민하는 사람이라면 당연히 자기 자신이 선택하는 직장에 대해서도 진지할 수밖에 없을 것이다. 또한 내가 왜 이 일을 하려는가에 대해서도 사명 의식을 가질 수밖에 없다고 본다.

- 다른 주제로 넘어가보자. 예전의 기업 1세대, 소위 말하는 재벌 창업주들과 요즘 20~30대 젊은 창업자들과 비교하면, 둘 사이에 어떤 차이가 있다고 보는가? 먼저, 회사 구성원들 간의 관계를 개선하거나 사내의 좋은 분위기를 유지하기 위해 어떤 특별한 방법을 쓰고 있는지 궁금하다.

기본적으로 최선을 다해 대화한다. 상황이 어렵더라도 그러려고 노력한다. 구성원들 각각의 동기 부여, 업무 만족도를 높이려고 노력하고, 매달 '셀프 피드백'을 작성한다. 그들이 써내는 내용을 바탕으로 매달 구성원들의 거의 절반 정도와 면담을 진행한다. 팀장들도 같은 목적과 방법으로 매달 면담을 진행하고 있다. 이런 과정을 통해 '누군가 원하는 바가 조직 내에서 잘 달성되고 있는가?' '불만족스러운 부분은 무엇이며, 그 원인이 근본적으로 개선되고 있는가?'에 대한 검증과 개선이 이루어지고 있다. 대부분의 구성원이 이 시스템에 크게 만족하는 것으로 알고 있다.

• 단합을 위해 사내 회식은 자주 하는 편인가?

―― 회식은 팀별로 자유롭게

물론 한다. 당연히 회식을 하지만 톱다운 식으로 만들어지는 문화는 절대 아니라고 자부한다. 아래로부터 원해서 이루어지는 게 진짜 제대로 된 회식일 것이다. 팀 단위 회식 비용이 할당되어 있고, 각 팀별로 알아서 자율적으로 집행하는 식이다. 어느 팀은 영화를 보러 가기도 하고, 어느 팀은 유명한 맛집을 찾아가기도 한다. 팀별로 자유롭게, 정해진 예산 안에서 회식이 진행되고 있다.

• 전 직원이 모이는 행사는 어떤가?

지금쯤 끝났을 것 같은데, 오늘 전 직원이 모이는 전사 회의를 가졌다. 매주 있는 행사다. 신년 월례회나 연말 종무식 같은 행사도 워크숍 형태에 가깝게 진행한다. 중요한 것은 이 모든 것이 커뮤니케이션을 위한 과정이라는 점이다. 단순히 단합이나 친목을 도모하려는 목적의 행사는 아니다. '우리는 왜 이 일을 하는가?' 다음엔 어떻게 해야 더 잘할 수 있을까?' 이런 논의와 반성을 거친 뒤 지금까지 수고 많았다는 격려가 오가기도 한다.

- 앞으로 기업이 성장하고 조직원들이 더 많아지면 모임을 어떻게 운영할 계획인가? 늘리거나 줄이거나 현행을 유지하는 방법이 있는데…….

현행 유지 쪽으로 갈 것 같다. 기본적으로 상반기에 1번, 하반기에 1번 정도 진행할 계획이다. 계획을 서로 공유하는 자리를 만드는 것은 조직을 운영하는 데 있어 필수적인 과정이다. 하지만 친분 쌓기를 목적으로 이런 자리를 만드는 게 아니라는 점은 변함없다.

- 무척 인상적인 답변이다. 회사 대표로서 조직원 간의 커뮤니케이션을 원활하게 만드는 것을 굉장히 중요하게 여기지만 친밀감을 쌓는 것은 별로 중요하지 않다고 보는 건가? 그렇지 않으면…….

친밀함은 물론 중요하다. 하지만 친밀함을 억지로 만드는 것은 부정적으로 생각한다.

- 기업들이 전통적으로 강조하는 문구가 '가족 같은 사내 분위기' 이런 것들 아닌가?

가족 같은 분위기를 회사가 아무리 강요해봐야 무슨 소용인가. 억

지로 끌려간다고 해서 가족이 되는 것도 아니지 않은가. 반면에 구성원들이 본인 스스로 가족 같다고 느낀다면, 그야말로 대단히 긍정적인 효과를 발휘하리라고 믿는다.

- 기업을 운영하는 대표로서 장차 이루고자 하는 목표는 무엇인가?

―― 인생은 짧고 기업의 가치는 길다

인생은 유한하다. 기업이라는 존재는 그보다 생명이 훨씬 더 길 수 있다. 내가 시작한, 내가 몸담고 있는, 앞으로도 오랜 시간 몸담게 될 이 기업이라는 세계에서 최소한의 책임을 다할 수 있으면 좋겠다. 이 기업의 의미가 세상 속에, 사람들 속에 제대로 펼쳐질 수 있었으면 좋겠다.

두 번째로, 리더는 선택의 기로에 놓였을 때 얼마나 좋은 결정을 내리는가로 그 능력이 판가름 난다고 생각한다. 결국 좋은 결정이 좋은 리더를 만든다. 좋은 결정을 많이 해서 구성원들에게 좋은 리더로 인정받고 싶다. 솔직한 바람이다. 그런 인정 욕구가 나에게는 무척 큰 동기 부여 요인이다. 창업자이자 공동대표로서 정말이지 구성원들에게 내가 할 수 있는 모든 책임을 다하고 싶다. 그러다가 '저 사람, 리더로서 정말 괜찮은 사람이야'라는 평가를 받는다면 더 바랄 게 없을 것 같다.

세 번째, 아까 사업을 처음 시작했을 때는 돈을 아주 많이 벌고 싶었다고 이야기했다. 솔직히 그때는 그랬다. 그런데 계속 사업을 해 나가면서, 고객들과 소통하고 관계를 맺으면서, 생각이 점점 달라졌다. '사람들의 문제를 근본적으로 해결해주고 싶다' 는 의욕을 갖게 됐다. '사람들의 필요를 충족시켜주고 싶다' 는 마음을 갖게 됐다. 고객들이 우리로 인해 삶의 긍정적인 변화를 맞이했을 때, 그래서 진심 어린 감사 인사를 전할 때 한 뼘씩 한 뼘씩 그런 신념이 자라나는 것을 느꼈다. 이 신념을 지키고, 더 크게 이뤄내고 싶다. 현재 나의 바람은 그러하다.

• 소위 산업화 1세대, 창업주, 총수라고 하면 가장 먼저 어떤 이들이 떠오르나?

현대그룹 정주영 회장님, 그리고 삼성그룹 이병철 회장님이 떠오른다.

• 그분들과 자신을 비교했을 때, 과연 어떤 점이 다른가?

확실하게 말할 수 있다. 역량이 다르다. 사업적인 역량이 엄청나게 다른 것 같다.

• 그래도 그분들과는 다른 강점이 있을 텐데.

글쎄, 그 사실을 인정한다는 점이 아닐까. 남보다 많이 부족하다는 사실을 인정한다는 점. 내가 생각하는 가장 큰 강점이다. 나는 다른 누구보다도 실패와 친숙한 편이다. 앞으로도 계속해서 실패를 할 텐데, 또 다시 실패하더라도 남들보다 상처를 적게 입을 자신이 있다. 반대로 실패를 통해 남들보다 새로운 성공의 기회를 확실히 잡을 자신이 있다. 그리고 나서도 계속 실패를 반복하겠지만, 그렇게 끊임없이 나아갈 것이다. 그런 점이 강점이라면 강점일 것이다.

사업을 하는 데 있어서 가장 중요하게 고려해봐야 할 사항 가운데 하나가 '실패에 대한 두려움' 아닐까. 실패는 필연이다. 사업하려면 그 사실을 명심해야 한다. 필연이지만, 되도록 작게 하는 게 좋다. 또한 같은 실패를 반복하지 않으려고 노력하는 자세가 필요하다.

어쨌거나 사업을 하다 보면 어쩔 수 없이 이런저런 실패를 하게 되어 있다. 누구나 한 번 실패를 경험한 다음에는 '앞으로는 안 그래야지. 앞으로는 조심해야지' 다짐한다. 물론 그러고도 재차 실패하곤 한다. 실패했다는 사실 자체를 잊어버리라는 것은 절대 아니다. 나의 경우, 그때의 좋지 않은 감정을 잊으려고 노력한다.

- 취업난. 헬조선. 양극화. 흙수저. 경기 침체. 우리 시대의 대표적인 키워드다. 모두 각박한 우리 현실을 반영한 말이다. 그런데 어떤 창업자는 "이즈음 대한민국이 단군 이래 가장 돈 벌기 좋은 세상"이라고 했다. 이 말에 동의하는가?

가장 돈 벌기 좋은 세상이라고? 모르겠다. 나는 잘 모르겠다. 사람마다 능력의 차이가 워낙 크지 않나. 누군가는 더 쉽게 돈을 벌 수도 있고, 돈 버는 게 어렵기만 한 사람들도 물론 있을 것이다. 내 이야기를 하자면 개인적으로 무척 어려웠다. 그래서 요즘 시대가 어떻다더라 하는 말에 대해서는 쉽게 평가하기 어려운 것 같다.

• 연결되는 질문인데, 창업하고 사업하면서 돈이 쉽게 잘 벌어지는다고 느끼는 편인가?

── 사업해서 돈 벌기, 결코 쉽지 않다

절대 아니다. 맙소사. 절대 그렇지 않다. 기본적으로 사업이란 돈 버는 행위 가운데 한 가지다. 그런데 돈 버는 방법은 사실 굉장히 다양하다. 그중에서도 '사업으로 돈을 번다'고 하는 것은 결국 '문제를 해결해서 가치를 창출하고 그 가치를 돈으로 교환하는 일'이라고 할 수 있다. 그런데 이 과정이 말처럼 그리 간단하지 않다. 대단히 까다로운 일이다. 내가 사람들에게 전달하려는 가치를 사람들이 전혀 필요 없어 할수도 있기 때문이다.

그래서 고객이라는 존재를 잘 이해해야 하고, 이해하기 위해 끊임없이 노력해야 한다. 고객의 사정과 마음은 계속 변하기 마련이므로, 그 변화에 꾸준히 대응해야 한다. 이렇게 해서 얻은 깨달음을 계속해서 가치로 치환시키는 작업이 필요하다. 무엇보다 가치를 현금으로 치환시켜야 구성원들을 건사할 수 있고 조직을 유지할 수 있다. 사업이라는 것, 절대 쉽지 않은 일이다. 적어도 나에게는 쉽지 않은 무엇이다.

• 그렇다면 주변 친구들이나 후배들에게 그냥 취업 준비 열심히 해서 대기업에 들어가라고 조언하는 편인가? 아니면, 그럼에도 불구하고 경험 삼아 사업을 한번 해보는 것도 나쁘지 않다고 조언하는가?

그런 조언 자체를 하지 않는 편이다. 사람마다 가지고 있는 환경과 능력, 조건과 기질이 모두 다르기 때문이다. 그 사람이 처한 입장에 잘 맞는 조언이 적절한 조언일 텐데, 그런 조언을 한다는 것 자체가 거의 불가능한 일 아닌가 싶다. 다만 미래를 위해 누군가에게 조언해야 한다면, 한 번쯤 자기 자신에 대해 명확하게 정리해볼 필요가 있다는 이야기를 하고 싶다.

내가 무엇을 좋아하는지, 무엇을 잘할 수 있는지, 앞으로 어떤 것을 하고 싶은지, 명확히 이해하고 그 내용을 솔직하게 소통할 수 있어야 한다.

• 아까 회사 구성원을 선발하는 기준에 대해 언급하며 했던 이야기다.

중요한 내용이다. 요즘 세대는 좀 바뀌었는지 모르겠는데, 내가 학교 다닐 때만 해도 '공부 열심히 해서 좋은 대학 가면 인생의 제법 많은 것들이 쉽게 해결될 것이다' 라는, 어떻게 보면 무책임한 조언을 들으며 자랐다. 그런 말을 들으면서 아무 생각 없이 공부만 했다. 그러나 지나고 나니까 해결되는 것도, 뭔가 확실하게 정해지는 것도 별로 없었다. 장차 무슨 일을 하고 살아야 될지 엄청나게 혼란스러운 시기를 경험해야 했다.

자기 자신에 대한 고민만큼 중요한 것은 세상에 없을 것이다. 이런 고민은 빨리하면 할수록 좋다. 고민한 결과 그 답이 창업이라면 과감히 저지르면 된다. 창업이 아니라 무엇이라도 본인이 선택한 인생에 만족할 수 있다면 그 자체로 존중받을 일이라고 생각한다. 남들 따라서 이게 좋다더라, 저게 유망하다더라, 요즘 창업이 뜬다더라, 이런 식으로 흘러가서는 좀 곤란하다.

• 좋은 말이다. 방금 '아무 생각 없이 공부만 하기도 했다. 그러나 지나고 나니 해결되는 것도 뭔가 확실하게 정해지는 것도 없었다' 라고 했다. 본인의 이야기인가?

뭐 대충 그렇다. 내 이야기를 조금 해보면, 고등학교 때까지만 해도 정말 열심히 공부했고 성적도 나쁘지 않은 편이었다. 그러다가 수능을 아주 심하게 망치고 말았다. 결국, 재수가 확정됐다. 그 무렵, 절에

들어가 혼자 생각하는 시간을 조금 가졌다. 그러면서 뭔가 깨달았다. '내가 왜 이렇게 열심히 공부를 했지?' 하는 생각이 머릿속을 가득 채웠다. 그런데 그 이유를 모르겠더라. 돌이켜보니 '내가 정말 경쟁심이 강한 사람이구나' 하는 생각이 들었다. 그렇게 경쟁하고 투쟁하는 마음으로 공부했다. 매사 그랬다. 그런데 그게 과연 제대로 된 동기 요인이었을까? 아니라는 답이 돌아왔다.

그렇다면 장차 나는 어떤 의미 있는 일을 하면서 살아야 할까? 그에 대해 정말 많이 고민했다. 개인적인 꿈에 대해서도 많이 고민하고 생각을 정리했다. 사실 나의 개인적인 꿈은 좋은 가정을 이루는 것이다. 적어도 지금까지는 그 목표를 원활히 달성해 나가는 중이다. 현재 아내가 공동대표이기도 하다.

- 오랜 시간이 지난 후에 대표 자리를 놓고 물러날 때가 언젠가는 올 것 아닌가. 그때 회사 대표 자리를 누가 물려받았으면 좋겠는가? 너무 막연하니 객관식으로 질문하겠다. 1번 자녀 또는 가족. 2번 전문 CEO. 3번 내부 승진. 4번 내가 아니라면 별 관심 없다.

아직은 잘 모르겠다. 이쨌거나 회사의 비전을 가장 잘 이해하고 장차 회사를 가장 잘 성장시킬 수 있는 사람이어야 할 것이다. 1, 2, 3, 4번에 속할 수도 있고 아닐 수도 있다.

특히 1번만 놓고 이야기해본다면, 아닌 게 아니라 요즘 자녀에 대해 많이 고민하고 있다. 그런데 스스로 무엇이 되고 싶은지도 모르는 아이의 미래를 내가 대신 설계해놓을 수는 없다고 생각한다. 부모로서 아이에게 해줄 수 있는 것이라면 '어떤 인생을 살아라'에 대한 노하우를 조언해주는 것밖에 없을 것 같다. 그 외의 것들을 내가 나서서 재단한다면 안 된다고 생각한다. 아이가 원하고 자질을 갖췄다면 모를까 단지 내가 대표라는 이유로 가업을 승계하는 것은 절대 있을 수 없는 일이라고 생각한다.

- 이제 돈 이야기를 좀 해보고 싶다. 요즘 회사 매출이 얼마나 되나?

비밀이다. 언론사에도 일부러 알리지 않고 있는 상태다. 현재까지는 작년 대비 150% 정도 성장했다. 다만 어느 수준은 넘은 '안정적인 회사'라는 말씀만 드리겠다.

• 회사 규모를 밝히기 곤란하다면, 개인적인 보수 수준에 대해 이야기해줄 수 있나?

그냥 회사 급여만큼 벌고 있다. 얼마나 버는지, 그것도 전혀 밝히지 않은 정보다. 동종업계의 투자 받은 대표들보다는 조금 적게 버는 것 같다. 그 정도까지만 말하겠다.

늘 실패를 생각하고
리스크에 대비한다

송명근 올리브유니온 대표

스마트 보청기를 개발 제조하는 기업 올리브유니온을 설립하고 운영하는 송명근이다. 올해 서른세 살, 요즘 흔히 말하는 젊은 '젊은 창업인'이다.

• 올리브유니온만의 독창적인 비즈니스 모델이 있다면?

우리 보청기는 기존 제품들과는 다르게 우리만의 독자적인 기술로 파격적인 가격을 구현하는 데 성공했다. 기존 보청기가 200만~400만 원대인 데 비해 우리 제품은 10만 원대 가격으로 소비자들에게 제공되고 있다. 가격 경쟁력을 앞세워 현재 미국, 일본 등지에도 활발히 수출되고 있다.

- 2019년 6월 문재인 대통령의 유럽 순방길에 올리브유니온 대표 자격으로 함께했다는 이야기를 들었다.

— 대통령들을 사로잡은 기술력

그해 5월에 창업진흥원에서 연락이 왔다. 처음에 전화를 받고는 보이스피싱 같은 건 줄 알았다. 그만큼 전혀 기대도, 예상도 하지 못한 일이었다. 이후에 확인 전화가 한 번 더 오고, '아, 이거 진짜구나' 싶으면서 그때부터 흥분됐다. 6월 초 핀란드에 따라갔다. 우리 제품은 전시관 2층 부스에 전시돼 있었는데, 문재인 대통령과 사울리 니니스퇴 핀란드 대통령이 이동하는 바로 그 동선에 위치한 길목이었다. 덕분에 한 10분 정도, 짧지만 소중한 시간 동안 우리 제품을 홍보할 기회를 얻을 수 있었다.

처음부터 예정된 상황이었다. 우리나라 참여 기업 중 세 군데 정도를 문재인 대통령이 핀란드 대통령에게 소개하기로 되어 있었다. 영광스럽게 나 또한 그 자리에 함께 서서 제품을 홍보하는 시간을 가졌다. 우리 제품의 기술력과 가격적인 메리트에 대해 설명하는 한편 핀란드를 통해 유럽으로 진출하는 문제 등 여러 가지 문의를 했다. 작은 기업에서 이 같은 성과를 거뒀다는 데 문재인 대통령도 핀란드 대통령도 무척 놀라워했다.

중소벤처기업부 박영선 장관도 그 자리에 있었는데, 박영선 장관은 "올리브유니온은 이 분야에서 엄청난 기세로 성장하는 기업"이라는 칭찬을 해주었다. 사실 박영선 장관과 바로 그날 아침에 우연찮게 같은 자리에서 식사를 하게 되었는데, 식사를 나누며 여러 가지 이야기를 나눴다. 사업 내용 전반에 대해 소개하고, 한 해 매출 성장폭과 기대치 등에 대해서도 이야기했다. 박영선 장관은 큰 관심을 보이며 "그런 부분을 양국 대통령들과 함께 공유했으면 좋겠다"고 말했다. 그래서 다 같이 2층 부스에서 만났을 때 그에 대해 언급해준 것 같다. 나로선 더없이 좋은 기회고 분위기였다.

남의 일처럼 담담하게 말하고는 있지만 그때 심정이 어땠는지 자세히 설명하지 못할 것 같다. 기업가로서, 업체 대표로서 그만큼 영광스럽고 기분 좋고 떨리는 상황이 어디 있겠는가.

• 핀란드는 북유럽의 대표적인 복지국가이기도 하고, 또한 노인 인구가 많은 나라이기도 하다.

몇 년째 세계행복지수 1위를 차지하고 있는 국가다. 그런가 하면 전 세계에서 '노인 비율이 가장 높은 나라' 4위이기도 하다. 인구가

554만 명인데 노인 인구 비율이 22.1%를 차지한다. 기대수명은 81세가 넘는다고 들었다. 우리 같은 업체에는 기회의 땅이다. "고령 인구를 위한 올리브유니온의 스마트 보청기야말로 핀란드를 비롯한 다른 유럽 국가에서도 큰 호응이 있을 제품인 것 같다"는 이야기를 핀란드 대통령이 직접 했을 정도다.

- 이제부터 송명근 대표의 이야기를 해보자. 올리브유니온이 첫 번째 스타트업이라고 들었다. 몇 살 때 어떤 계기로 스타트업을 시작하게 되었나?

── 보청기를 구입하려고 애먹는 고모부

29살 때 스타트업을 시작했다. 어렸을 때부터 막연하게나마 '사업을 해야겠다'는 생각을 가지고 있었다. 우연치 않게 난청으로 고생하시던 고모부가 보청기를 구입하는 과정을 곁에서 지켜보게 되었다. 느닷없는 목돈이 들어가야 하는 가격도 부담이 커 보이고, 여러모로 안타까웠다. 더불어 '장차 이 분야에 수요가 있겠구나' 하는 판단이 섰다. 이 아이템으로 창업하면 괜찮을 것 같았다. 다른 창업자들의 경우는 잘 모르겠지만 나는 이처럼 일상에서, 내 주변 사람들의 사는 모습에서 창업의 길을 찾았다.

• 창업하기 전에는 어떤 일을 했나?

미국 대학원에서 건축학 석사 과정을 밟고 있었다. 대학도 미국에서 다녔다.

• 전공과 달라도 너무 다른 길 아닌가?

그렇긴 하다. 하지만 건축도 크게 보면 프로젝트 매니저의 역할이 필요한 분야다. 그때 맛본 프로젝트 매니징 경험을 통해 지금의 하이테크 의료기기 사업을 이끌어가고 있는 셈이다.

• 미국에서 건축학 석사 과정까지 밟았다면, 일반적으로 박사가 되거나 건축 회사에 취업하리라고 누구나 예측할 것이다. 그런데 창업이라니. 게다가 전공과 전혀 무관한 보청기 제조업이라니. 두렵지는 않았나? 석사 과정을 밟기까지 경제적인 부담도 상당했을 텐데.

20대 초반, 한국에서 노트북을 개발하는 어느 대기업의 프로젝트에 참여한 경험이 있다. 거기서 2년 정도 함께 일했다. 그때 기업의 네트워크에 대해 어느 정도 공부하고 개인적인 자산도 쌓았다. 내가 창업하려는 모델 정도는 내가 가진 네트워크로 충분히 구현 가능하다고 판

여러 스타트업을 저도 그동안 많이 봐오고
그들의 흥망성쇠도 옆에서 봐 왔는데

송명근 31/스마트 의료기 스타트업

송명근 올리브유니온 대표.

단했다. 성공 가능성도 내 생각이지만 꽤 높게 점쳐졌다. 그래서 용기 내서 석사 과정 공부를 포기하고 한국에 돌아와 창업하게 되었다.

• 다시 한 번 묻는다. 아니 왜?

살면서 조금 더 의미 있는 일을 해보고 싶었다. 막연한 꿈을 꾸는 게 아니라, 사람들에게 실제로 필요한 일을 하고 싶었다. 그게 1차적인 목표였다.

• 건축 쪽으로 나서는 것보다 더 많은 돈을 벌 수 있으리라고 생각한 건가?

그 문제는 많이 고민하지 않았다. 돈은 내가 잘하면 언제든지 따라올 거라고 생각했다. 그 점은 지금도 마찬가지다.

> • 회사를 경영하는 데 있어서 대표로서 가장 중요하게 생각하는 점이 있다면?

먼저 '리스크를 줄이는 작업'을 늘 염두에 두고 있어야 한다. 특히 스타트업은 큰 이벤트를 잘못 만나면 회사가 한번에 뒤집어질 수도 있다. 예상치 못한 리스크에 대비하는 방법을 평소 마련해둘 필요가 있다. 두 번째로 같이 일하는 사람들과 함께 '어떤 목표'에 대한 비전을 되도록 자주 공유하고 논의하고 생각해야 한다.

> • 불의의 리스크에 어떻게 대비할 수 있을까? 다시 말해, 아직 오지 않은 리스크에 대처할 방법을 어떻게 마련할 수 있을까?

다른 업체 대표들이 하듯, 기본적으로 아침에 출근해서 하루 스케줄을 살피고 혹시나 모를 구멍들을 점검하는 것이 시작이다. 무엇보다 나는 항상 '내가 틀릴 수 있다'고 생각한다. 아마도 옳은, 맞는 생각일 것이다. 그래서 나는, 주변 사람들이 항상 나와 같은 생각을 하게 만든다. 다시 말해, 많은 것을 걱정하게 만든다. 놓치는 것이 없게 다양한 대비를 하도록 분위기를 이끈다. 나뿐 아니라 주변 사람들 모두 뜻하지 않은 리스크에 저마다 대비책을 마련하도록, 이것이 서로 교차하여 작동하도록 조직적인 안전망을 구축하고 있다.

• 주변 사람들이라면 직원을 말하는가?

그렇다. 나는 직원보다 동료라는 말을 더 좋아하고, 그래서 자주 사용한다. 직장에 속한 일원이 아니라, 같은 목표를 공유하고 그를 달성하기 위해서 함께 나아가는 사람이라는 개념이다.

• 대표로서 직원 또는 동료들의 중요성을 누구보다도 절실히 느낄 것 같다. 요즘 스타트업에 관심 있는 청년들이라면 귀가 솔깃할 질문일 텐데, 신규 인원을 채용할 때 어떤 점을 제일 중요하게 보나?

—— 배우는 속도와 배우려는 태도

사람을 몇 번 뽑아보면서 자연스레 느끼게 된 부분인데, 사실 학력이나 스펙은 그다지 중요하지 않다. 대신에 회사가 성장하는 만큼 본인도 그만큼 성장할 수 있는 사람인지 하는 부분을 많이 본다. 무엇보다 배우는 속도가 중요하다. 지금은 많이 알고 있는 사람이라 해도 배우는 속도가 느리면 회사의 흐름을 따라가지 못하다가 언젠가 도태되기 십상이다. '배우는 속도'와 '배우려는 태도'를 면접 때 가장 많이 보려고 하는 편이다.

- 예전에 대기업의 채용 문화를 보면, 개인의 스펙과 더불어 충성도와 융화합 능력을 무엇보다 중요하게 여긴 것 같다. 다시 말해, 조직의 규율을 잘 따르고, 정해진 업무를 완수할 수 있는 능력을 갖추고, 조직 내에 조화롭게 섞여 들어갈 수 있는 인재를 전통적으로 선호하는 경향이 있었다. 그런데 방금 말한 채용 기준을 따르다 보면, 신규 인력이 조직과 조화롭게 섞이는 데 문제가 생길 수도 있을 것 같다.

맞다. 새롭게 채용한 직원이 기존 직원들과 어울리지 못하는 상황도 있었고, 기대하고 예상했던 것만큼 결과가 나오지 않아 우려되는 상황도 여러 차례 만났다. 대표로서 할 수 있는 말은 '조직에 있어 더욱 중요한 것은 개인의 역량이 아니라 팀의 역량'이라는 것이다. 팀에서 팀원이 낙오되지 않게 끌고 가는 것도 대단히 중요한 업무 중 한 가지다. 그런 의지로 끝까지 끌어가고자 노력하지만, 그럼에도 불구하고 낙오가 발생하면서 어쩔 수 없이 작별 인사를 할 수밖에 없는 상황에 직면하기도 한다.

• 직원들 중 1990년대생이 많은 편인가?

우리 회사엔 1980년대생이 더 많다. 우리 조직 역시 직원들 간의 원활한 관계 유지와 사내 분위기 개선을 아주 중요한 일 중 하나로 생각한다. 그러나 요컨대 회식 같은 문화에 대해서 말하자면, 1년에 한두 번밖에 하지 않는 편이다. 이 부분에서 다른 회사와 사정이 많이 다를 것 같다.

• 회식을 1년에 한두 번밖에 안 한다고?

일단 개인의 시간을 별로 뺏고 싶지 않다. 그 시간에 각자 회사 밖으로 나가 다양한 사람들을 만나고 본인들의 시간을 갖는 게 더 좋다고 생각한다. 조직원들의 생활과 사고가 건강해야 더욱 좋은 결과를 낼 수 있고, 그것이 회사로서도 이익이라고 생각한다. 회식 대신 낮에 점심을 같이 먹으면서 대화를 많이 하려고 한다. 술과 관련된 문화는 지양하는 편이다.

• 요즘 청년들이 단체로 모여서 회식하는 문화를 선호하지 않는다고 생각하는 것인가?

그렇다. 일단은 나 자체가 그런 문화를 좋아하지 않는다. 그렇기에 직원들도 선호하지 않을 거라고 감히 생각하고, 그러한 사내 문화를 만들어가고 있다. 대한민국 직장인들의 생활을 보면 회식 자체가 굉장히 중요한 문화적 요소로 작용해온 게 사실이다. 우리 부모님 세대가 그랬다. 집안일은 두 번째였다. 반강제로 회식에 끌려다니며 잘 마시지도 못하는 술에 연일 취하기 일쑤였다. 그러나 세상이 달라졌다. 요즘은 그렇게까지 할 필요는 없다고 생각한다.

낮에도 시간이 그렇게 많은데 왜 군이 밤에 다시 시간을 내서 똑같은 얼굴들을 봐야 하는지 모르겠다. 더 할 이야기가 있더라도 군이 외부 자리에서 술기운에 의존해서 할 필요가 있을까? 급한 일이 있거나 마음속 이야기가 정 하고 싶으면 일과 시간 이후의 연락은 자제하는 것이 옳지만 전화를 해도 되고 메시지를 보내도 된다. 단합 목적으로 술자리나 등산 등을 이용하는 것에는 반대한다.

• 대표로서 특별한 목표가 있다면?

나를 믿고 이 분야 스타트업에 몸담게 된 동료들과 더 오랫동안 함께 일하고 싶다. 좀 더 높은 공통의 목적을 함께 달성하고 싶다. 처음 사업을 시작했을 때, 보청기 생산 과정의 문제점을 개선하고 보청기 시장을 개선하겠다는 확고한 목표를 세웠다. 그 비전을 보고 사람들이 하나둘씩 찾아와 지금의 회사가 되었다. 이제 본격적으로 그 목표를 달성해 나가려고 한다. 그것이 내가 꿈꾸는 가장 큰 목표다.

• 대한민국의 산업화 1세대. 그룹 창업주, 1~2세대 기업 총수. 이런 수식어를 듣다 보면 한국 재계의 아이콘 같은 존재들이 여러 분 떠오를 것이다. 그 같은 존재들과 올리브유니온의 대표인 나는 과연 어떤 점이 다르다고 생각하는가?

나 개인적인 경우를 말하자면 예술 디자인 쪽 공부를 해왔고, 반면에 그분들은 주로 상경 계열 또는 공학 계열의 발자취를 걸어왔다. 그런 점에서 나는 그분들이 이뤄낸 방식과는 조금 다르게 이 분야에 접근하는 것 아닌가 하는 생각을 해본다. 요컨대 단순히 숫자만 보는 게 아니라 브랜딩 같은 부가적인 가치에 아주 높은 점수를 주는 편이다. 특히나 우리 사업의 특성상 사회적 가치를 대단히 중시하며, 그러한 기반 아래 사업을 확장하고자 노력 중이다. 솔직히 이런 부분은 이전 세대의 창업주들이 다가가기 쉽지 않은 가치였을 것이다.

• 좋은 회사란 어떤 회사일까?

수익 창출은 두 번째 이야기다. 사회에 좋은 영향을 주는 회사가 좋은 회사라고 생각한다.

• 언젠가 대표 자리에서 떠나게 된다면, 어떤 사람이 자리를 물려받아서 회사를 이어갔으면 좋겠나?

내 후임으로 일할 회사의 대표는 꼭 내부 사람이었으면 좋겠다. 오랫동안 회사에서 일해온, 회사가 지금까지 어떤 일을 해왔고 조직 내 사람들과 어떻게 일해야 하는지 아는 사람이 적임자일 것이다.

- 대한민국 청년들은 심각한 취업난에, 생활고에, 무기력에, 냉소에 빠져 있다. '헬조선'이라는 말도 심심찮게 들린다. 물론 언론 등이 앞다퉈 밀어붙이듯 이슈화한 부분도 없지는 않다. 그러나 청년들이 미래를 설계하기에 녹록지 않은 시절임은 분명해 보인다. 그들을 위해 뭔가 대안을 제시하고 싶은 것이 이 인터뷰의 궁극적인 목적이다. 이 팍팍한 시절에도 세상 돌아가는 판을 잘 읽고 그 흐름을 잘 잡아내 창업에 성공하고 사회에 좋은 영향을 끼치고 있는 젊은 기업가들에게 그 답을 묻고 싶다. 스타트업에 관심을 갖고 있는 청년들에게 멘토로서 조언하고 싶은 이야기도 많을 것이다.
미국에서 건축학으로 대학을 졸업하고 같은 분야의 대학원에서 공부하다가 창업에 뛰어들었다. 대학생 때는 국내 대기업에서 인턴 생활을 했던 경험도 있다. 단순무식하게 묻겠다. 직장 생활하면서 남의 돈을 받는 것이 더 나은가, 아니면 본인의 사업을 하면서 돈을 버는 게 더 나은가?

성격상, 내가 알아서 일하고 일한 만큼 돈을 버는 쪽이 더 나은 것 같다. 내 입장에서는 그렇다는 이야기다. 인턴 기간이긴 하지만 월급 통장에 얼마 되지도 않는 숫자가 찍히던 그 느낌에 비해, 내가 창업자로 직접 나서서 0부터 시작하는 숫자를 새로 만들어간다는 느낌은 확실히 뭔가 달라도 달랐다.

창업을 준비하건 취업을 준비하건, 작게라도 창업을 경험해보면 어떨지 역으로 제안하고 싶다. 제로에서 돈을 창출해낸다는 것이 과연 어떤 과정인지, 그것이 얼마나 힘든 일인지 알아서 나쁠 것 없다. 창업을 포기하고 훗날 직장 생활자가 되더라도 남의 돈을 받을 때 그것이 얼마나 소중한 일인지 아는 것은 성실하게 직장 생활을 하는 데 큰 도움이 될 것이다. 창업을 해보았고 취업을 해보았으며 직원들 월급을 준 경험이 있는 입장에서 하는 말이다.

• 그런데 창업이라는 것이 사실 실패할 확률이 꽤 높지 않은가. 인생 시작부터 너무나 큰 리스크를 안게 되는 건 아닐까?

─── 기회비용 1억은 큰돈이 아니다

창업하고 실패를 경험하고 어떠한 배움이나 깨달음을 얻기까지 2년이면 충분하다. 20~30대 청년이 2년 동안 회사에서 벌 수 있는 기회비용을 따지면, 업종마다 조금씩 다르겠지만, 1억 원이 안 넘어가는 것으로 알고 있다. 물론 1억 원이 적은 돈이라는 말은 아니다. 그러나 장

올리브유니온이 제작한 블루투스 보청기 '스마트 이어'.

차 40~50대가 되었을 때를 생각하면 또 그렇게 범접하지 못할 만큼(?) 거대한 액수는 아니다.

결론적으로 20~30대 때 창업에 도전하는 것은 정말 좋은 일이라고 단언할 수 있다. 돈 한 푼 못 벌고 처절한 실패를 맛보더라도, 배워서 남는 것이 더 많을 것이라고 믿는다. 더불어, 특히 20대 때는 사회에서 무슨 일을 하든 창업보다 더 큰돈을 벌 수 있는 기회가 없는 것이 사실이다. 물론 성공했을 때의 이야기지만. 청년들의 창업을 적극 추천한다.

• 20대 청년들 중에는 공무원 시험을 준비하거나 학자금 대출 때문에 이런저런 아르바이트를 하는 이들이 굉장히 많다. 이

런 청년들이 창업을 준비했다가 실패하면 리스크가 두 배로 커지는 것 아닌가?

내 이야기를 해보겠다. 나는 내 돈 600만 원 들고 창업을 시작했다. 아르바이트해서 번 돈 600만 원이었다. 그 돈을 종잣돈으로 창업을 시작했다. 공무원 시험을 준비하거나 학자금 대출이 있거나 하는 등 이런저런 사정으로 리스크가 걱정된다면, 그런 성향을 고려했을 때 창업하지 않는 게 맞다. 반면에 적은 돈이지만 이것을 어떻게든 키워보겠다고 생각한다면 창업에 도전해봐도 괜찮지 않을까. 젊으니까. 기회가 얼마든지 있을 테니까.

• 과거라면, 요컨대 국가의 산업 구조가 제조업 기반이던 시절이라면 600만 원으로 사업을 시작한다는 게, 화폐 가치를 따지더라도 쉽지 않은 이야기 아니었을까 싶다. 쉽게 말해, 그 돈으로 공장을 올릴 수도 없으니 말이다. 요컨대 그 시절은 '망하면 좀 더 세게 망할 수밖에 없는 구조'라고도 할 수 있다. 그에 비해 요즘은 그보다 리스크가 좀 더 적은 상태로 창업할 수 있다는 말인가?

미국 대학원을 중퇴하고 굳이 한국에 돌아와 창업한 이유는 분명하다. 첫 번째로 한국은 스타트업 지원 제도가 너무 잘 갖춰져 있다. 그런 시스템을 잘 활용하면 가진 돈이 없어도 어떤 사업이든 충분히 키울 수 있으리라는 자신감이 붙었다. 또한 벤처캐피털 등 외부 투자 문화도 활성화되어 있어서 내가 가진 아이템이 좋고 남을 충분히 설득시킬 능력이 있다면 보다 큰 자금을 끌어오는 일도 가능해 보였다. 과거에는 환경이 이와 같지 않았던 것으로 안다. 투자 문화가 활성화되지 않았고, 지원 문제도 많이 미흡했다. 따라서 창업 자체가 힘들고 리스크 부담도 컸다.

• '현재 대한민국은 단군 이래 제일 돈 벌기 좋은 세상이다.'
  이 말에 동의하나?

—— 역사상 가장 성공한 시대

동의한다. 감히 지금은 대한민국이 역사상 가장 성공한 시대라고 생각한다. 우리나라가 전 세계적으로 미치는 영향력이 지금처럼 큰 때는 역사상 없었다. 이런 상황이니 경제적 수익을 창출할 가능성도 당연히 높아졌다고 봐야 하지 않을까? 국가 위상도 성장했고, 인터넷 등 매체를 통해 해외에 진출하는 것도 쉬워졌다.

• 사업은 시작했으나 지지부진한 이들이 들으면 뭔가 자괴감이
  들 것 같다.

사업을 꾸려 나가는 것과 돈을 버는 것은 별개의 능력이다. 나아가 사업을 잘 꾸려 나가는 것과 돈을 잘 버는 것은 별개의 능력이다. 예술에 소질 있는 것과 공부를 잘하는 것이 별개인 것과 비슷하다. 여기서 중요한 것. 공부가 그렇듯 자꾸 노력하다 보면 뭐든 점차 나아질 가능성이 있다는 점이다. 꾸준히 노력하다 보면 누구든 어느 분야에서든 최소한 기본은 하지 않을까.

• 일선 현장에서 볼 때 스타트업에 관심 있는 청년들의 열기는 대략 어느 정도 되나?

해외 유학파, 고학력 위주로 스타트업을 고려하는 사람들이 많은 것 같다. 내 주변에도 비슷한 또래 중 50% 이상이 스타트업 아니면 창업에 관심을 가지고 있다.

• 특별한 이유가 있을까?

부모님 나이의 기성세대가 관공서나 대기업에서 일하는 모습을 보면서 크고 자란 세대다. 거대 조직에 대한 염증 같은 게 있지 않나 생각해본다. 더불어 과거보다는 더욱 개성적이고 자기애가 강한 세대라 본인들이 하고 싶은 것들을 향해 주저 없이 도전하는 면도 있는 것 같다.

• 따지고 보면 우리 부모님 세대는 대학교를 졸업하고 착실히 회사에 취업해서 20~30년 동안 부지런히 일하며 그 기업을 마치 본인 자신인 것처럼 생각했다. 그러다가 어느 정도 높은 자리에 올라가자 덜컥 명예퇴직 당하고 팔자에 없던 치킨집 사장이 되고, 그래 봤자 강남에 아파트 한 채 못 사는 현실. 어려서부터 그런 모습을 지켜본 청년들이 그 팍팍한 삶의 여정을 비리고 역설적으로 창업 열풍에 뛰어드는 것은 아닐까?

사회적인 차원보다는, 그러니까 '사회 속의 나'보다는 '나 자신'이 더 중요해진 청년들의 가치관을 더 큰 요인으로 지적하고 싶다. 자기가 하고 싶은 것을 하는 게 더 중요해진 세대. 자기가 다니는 회사를 자신이 택하는 하나의 브랜드 정도로 여기는 세대. 그런 성향들이 이즈음의 스타트업 열풍을 몰고 온 요소라고 생각한다.

• 이건 좀 황당한 질문일 수도 있는데, 많은 청년들이 갖고 있는 원초적인 궁금증이기도 할 것이다. 단도직입적으로 묻는다. 어떻게 하면 돈을 잘 벌 수 있을까?

돈만 쫓으면 돈은 따라오지 않는다. 점잔 떨려고 하는 말이 절대 아니다. 주변의 여러 스타트업들을 봐왔다. 그들의 흥망성쇠도 똑똑히 봐왔다. 돈을 최우선적으로 추구하는 대표들은 생각보다 빨리 이 바닥에서 떠나갔다. 본인이 목표를 달성하면, 본인이 원하는 만큼 돈을 벌면 그다음 목표가 없어지고 마는 것이다. 그래서 사업 자체가 다음 단계로 쭉쭉 뻗어 나가지 못했다. 돈이 아니라 특정한 사회적 목표를 갖고 나아가는 이들은 목표가 있는 한 고삐를 손에서 놓지 못한다. 그러다 보면 돈은 알아서 잘 따라오기 마련이다.

물론 사업적인 성공과 돈은 조금 다른 개념이다. 돈을 많이 버는 것보다는 사업을 활력 있게 탄력적으로 운영하고 유지하는 일이 훨씬 중요하다. 그러면 자연스레 돈을 잘 벌 수 있다.

• 지금까지 투자 받은 금액이 얼마나 되나?

구체적인 수치는 기억나지 않는데, 3년 동안 120억 원 정도 된다.

• 요즘 얼마나 버는지 궁금하다.

연봉 1억 원 정도 되는 것 같다.

• 3년간 120억 원을 투자 받았는데 왜 1억 원밖에 안 받았나?

우리는 아직 성장해야 하는 단계다. 내 월급 또한 재무재표상 인건비로 들어간다. 지출보다 수입이 더 커야 한다. 그래야 재무재표가 예빼지기(?) 때문이다. 나도 그런 선에서 월급을 조절하려고 한다.

• 마지막 질문이다. 회사를 어느 정도까지 키우고 싶은가?

기업 가치를 성장 목표로 말하고 싶지는 않다. 다만, 전 세계 사람들이 우리 회사 제품을 알고 브랜드를 알았으면 하는 바람이다. 아이폰을 알고 삼성폰을 기억하듯 말이다. 그것이 우리의 궁극적인 목표다.

체인져스, 반격!

지속 가능성을
전략으로 세워라

수영을 배우려면 결국 언젠가는 물속에 뛰어들어야 한다. 바닷물이 힘들면 수영장, 아니면 욕조에서라도 물을 접해야 한다. 아무리 준비운동을 많이 하더라도 준비운동은 그저 준비운동일 뿐이다. 몇 번 물을 먹으며 두려움을 없애고 감각을 익혀야 한다. 그래야 훗날 멋지게 물살을 가를 수 있다.

사업에 있어서 실전감각의 중요성을 강조한 조정호 벤디스 대표는, 그런데 집중해서 실전 감각을 익혀야 할 대상은 '돈'이 아니라 '고객'이어야 한다고 강조했다.

" '어서 빨리 돈을 벌어야지' 하는 생각에 너무 매몰되다 보면 어느샌가 우리의 의지, 제품을 고객에게 계속 설득하는 과정을 반복하게 됩니다. 그러다 보면 어느 샌가 고객들은 서비스를 살 의지가 전혀 없는데 나만 열에 들떠 있음을 깨닫게 되죠. 바로 그런 궁지에 몰렸을 때 느꼈어요. '아, 창업자의 상상 속에서 제품을 만들어내는 건 굉장히 위험하구나.'"

– 조정호 벤디스 대표

——— 창업은 상상이 아니라 실전이다

처음부터 크게 벌이지 말아야 한다. 시작이 지나치게 거창하면 부담스럽고 두려워서 제대로 실력을 발휘하기 힘들다. 또한 사업 초기에는 실패했을 때의 비용 부담을 감당하기 어려울 수도 있다. '처음에는 되도록 작은 규모로 시작하라'고 주언규 유튜브채널 〈신사임당〉 운영자는 조언했다.

"그런데 작은 규모란 어느 정도를 말할까요. 애매하긴 하지만 '쉬 지치지 않을 규모'라고 생각하면 좋을 것 같습니다. 처음부터 지치면 안 되잖아요. 한번 넘어지면 누구나 다음에 또 넘어질까 봐 두렵기 마련이에요. 나만 그런 줄 알았는데 다른 사람들도 다 그렇더라고요. 넘어져도 아프지 않은 일을 시작해보는 건 어떨까요?"

– 주언규 유튜브 채널 〈신사임당〉 운영자

창업에 관심을 갖고 있거나 한창 창업을 준비 중인 청년들에게 특별히 당부하고 싶은 말이 있는지, 저만치 앞서 나가고 있는 선배 체인저스들에게 물어보았다. 긍정적인 대답들이 이어졌다. 생애 첫 레이스를 앞두고 있는 도전자들에게 건네는 봄날 같은 격려의 응원 속에 한겨울 고드름처럼 냉정한 교훈이 숨어 있었다.

"창업. 정말 만만치 않은 세계입니다. 하지만 어떤 문제를 나 스스로 주도적으로 해결할 수 있는 가장 좋은 방법임은 분명하지요. 당신에게 꼭 풀고자 하는 문제가 있다면, 그에 대한 확신이 있다면, 리스크를 최소화해서 과감히 도전해보세요!"

– 정지예 맘시터 대표

"사업을 하다 보면 매일매일 희열과 두려움이 반복됩니다. 위대함으로 나아가기 위해서는 끊임없이 역경과 도전을 마주할 수 있어야 해요. 여기서 위대함이란 엄청나게 큰 무엇이 아니라 '남의 눈에는 보이지 않을 수도 있지만 우리는 분명히 느낄 수 있는 어떠한 가치'를 말합니다. 그런 열정과 직관이 당신에게 있다면, 이 불안정한 세상 속으로 뛰어들기를 감히 응원합니다. 세상 속 당신만의 가능성을 사업으로써 보여주세요!"

– 정유석 프레시코드 대표

김용현 당근마켓 대표.

——— 꿈꾸지 마라. 꿈을 깨라

"꿈꾸지 마세요! 꿈을 깨세요! 제가 하고 싶은 말입니다. 사업을 하고자 하는 사람에게 그 이유를 물어보면, 참 다양한 답을 들을 수 있어요. 주로 금전적인 부분, 안정적 노후에 대한 생각이 많은 것 같아요. 그러나 '사업을 하지 말아야 할 이유'에 대해 물어보면, 딱히 대답을 내놓지 못하는 사람이 적지 않더라고요. 대부분의 창업 희망자들이 '사업에 실패할 때의 대처'를 생각하지 않는다는 의미 아닐까요.

회사를 만들어서 성공시키고 상장시킨다면, 물론 일반적인 직장인들보다 훨씬 더 큰돈을 벌 수 있어요. 하지만 확률적으로 그 가능성이 낮을 수밖에 없습니다. 스스로 도전적이며 위험과 맞서 싸우는 것을 즐기는 성격이다 싶으면 사업을 고려해도 좋을 것 같아요. 반면에 안정을 중시해서 확률 같은 부분에 크게 스트레스를 받는 편이라면 창업보다 봉급 생활자의 길을 선택하는 게 맞다고 봅니다."

– 김용현 당근마켓 대표

"창업에서 실패는 모든 것의 끝과 같아요. 기회비용 차원에서 사업에 실패한다는 것은 기존 소득과 혜택도 포기한다는 뜻이지요.

창업하기 전, 가능한 한 많은 것을 준비해야 합니다. 사업 모델과 리스크를 숫자로 계산하고, 집요하게 시뮬레이션해보고, 많은 사람들에게 여러 가지 조언을 듣고, 생각할 수 있는 모든 경우의 수를 고려해봐야 합니다. 그래도 불확실한 것이 창업이에요."

– 송명근 올리브유니온 대표

"사업 초기 매우 힘든 시기에 직원들과 많은 이야기를 나누었는데, 자주 했던 말 중 하나가 '천 시간과 만 시간의 힘을 믿는다' 였습니다. 남들보다 1,000시간을 더 하면 한 발 더 앞서갈 수 있고, 1만 시간을 더 하면 그 분야에서 전문가가 될 수 있다는 의미입니다.

마켓컬리에는 처음에 유통 전문가가 없었어요. 그러나 모르는 길이라고 해서 주눅 들지는 않았어요. 당장의 실패가 두려워 고개를 숙이기보다는 새로운 유통의 시도라는 가능성에 더 큰 의미를 두었습니다. 결과가 좋지 않더라도 그 과정에서 내린 판단을 분석하는 데 집중했습니다. 마음을 단단하게 다지면서 힘겨운 과정을 반복하다 보니 어려운 와중에도 무너지지 않고 버텨 기회를 잡을 수 있었어요.

　창업을 시작한 청년 여러분들의 지치지 않는 의지와 열정을 응원합니다. 당장의 성과가 좋지 않더라도 하루하루 최선을 다해 분석하고 다시 도전하는 의지와 열정을 갖는다면 넘어서지 못할 장애물은 없다고 생각합니다. 큰 기업이든 작은 기업이든 문제는 꾸준히 생기기 마련이에요. 그 문제를 어떻게 바라보는지, 그 과정에서 무엇을 배우는지에 따라서 차이가 갈린다고 생각해요. 시행착오의 혼란과 어려움을 수시로 마주할 때마다 이를 오히려 발전할 기회로 삼아보세요. 세상 단 하나뿐인 여러분만의 가능성이 언젠가 환히 빛날 수 있기를!"

– 김슬아 마켓컬리 대표

반드시 회복이 가능한 수준의
자본만 투자한다

주언규 유튜브 채널 〈신사임당〉 운영자

서울 마포에서 자영업을 하고 있는 주언규다.

• 자영업자라면 분야가 너무 광범위하다. 정확하게 하는 일이?

그야말로 광범위하다. 스튜디오도 운영하고 있고, 쇼핑몰도 하나
하고 있고, 유튜브도 하고 있고, 임대업도 하고 있다.

• 정말 이것저것 많은 일을 한다. 원초적으로 묻겠다. 그래서 얼
마나 버는가?

쇼핑몰의 경우 월 7,000만~8,000만 원가량 된다. 매출이 그 정도
고 순이익은 그때그때 다르다. 스튜디오는 지점까지 세 곳을 운영하는
데 한 달에 5,000만 원 정도다.

• 사업을 하기 전 방송국 PD로 일했다고 들었다. 그런데 한 달
에 1억 2,000만 원 매출의 사업을 일궈내다니 솔직히 부럽다.
어느 쪽 PD로 일했나?

한국경제TV에도 있었고 미디어넷의 스포츠경제본부 CNBC채널
에도 있었다. PD로 입사해서 5년 몇 개월 정도 방송 밥을 먹은 것 같
다. 2016년에 퇴사했다.

• 실례지만 지금 나이가 어떻게 되나?

서른다섯 살이다. 그리고 보면 불과 4년 전 이야기다. 말이 나와서
하는 이야기인데 며칠 전 우연히 방송국에서 일하던 시절 받았던 급여
명세서를 꺼내봤다. '세상에, 그때는 이랬지' 싶었다.

• 올챙이 적 시절을 돌아보는 감회가 뿌듯했을 것 같다. 그때보다 몇 배 정도 늘어난 건가?

글쎄, 한 열 배 정도?

• 대단하다. 그런데 PD라는 직업은 어떻게 보면 남들이 선망하는 직업 가운데 하나다. 그만둔 특별한 이유가 있는가?

평생직업이라는 생각이 들지 않았다. 괜히 싫었다. 현직 PD이니 무슨 말인지 알 것이다. 사실 만만한 직장은 아니지 않나.

• 노코멘트다.

뭐랄까, 아무래도 내 성격 탓이 클 것이다. 여러 사람들과 엮여서 밤을 새워가면서 협업해 일하는 게 체질에 맞지 않았다. 그런데 이상한 게 방송을 그만두고 창업한 뒤에도 역시 직원들과 밤을 새우면서 일하는데, 전혀 어려움을 느끼지 않는다.

— 직장인 체질과 사업가 체질

사실 방송국 군기가 보통 센 게 아니다. 군 생활 할 때도 그런 게

주언규 유튜브 채널 〈신사임당〉 운영자.

되게 힘들었다. 방송국 특유의 그런 분위기가 나와 잘 맞지 않는 것 같았다.

물론 결정적인 문제는 따로 있었다. 주로 경제 방송 쪽에 있다 보니 방송 프로그램에서 거의 매순간 '돈 이야기'가 오갔다. 그런데 단위가 보통 몇천억 원대였다. 경제 정책에 대한 내용이건 투자 쪽 이야기건 100만 원, 200만 원 단위는 아예 나오지도 않았다. 하루 종일 입으로 귀로 몇천억 원을 주무르다가(?) 퇴근하면서 지갑을 들여다보면 들어 있는 게 고작 몇만 원이었다. 그런 괴리감이 속을 간질간질하게 만들었다.

게다가 아무래도 출연자 중에는 경제적으로 엄청나게 성공한 사람들이 많았다. 그런데 방송에 출연한다고 오는 사람들을 보면, 할 말은 아니지만 엄청나게 거들먹거렸다. 보기 좋지 않았다. 게다가 당시 나는 방송국에서 아직 막내였다. 한국경제TV에 있을 때는 FD도 겸했다. 소품을 정리하고 이런저런 잡일을 하는 자리였다. 그런데 출연자로 나오는 자산가나 증권 전문가들이 PD와는 잘 지냈지만, 나 같은 말단들은 하찮게 보고 무시했다. 반대로 나는 그들의 의전을 도맡아서 해야 하는 처지였다. 지금 같았으면 꾹 참고 버텼을지도 모른다. 그때만 해도 자녀도 없었고, '나도 독립하면 잘나갈 수 있다'는 막연한 오기도 있었다.

• 어쨌거나 돈 많은 사람은 실컷 봤을 것 같다.

많이 봤다. 몇십억 원 있는 사람도 봤고 몇백억 원 있는 사람도 봤다. 그러다가 망한 사람도 많이 봤다. 대한민국에서 돈 많다는 사람들은 거의 다 출연해서 입만 벌리면 수억 원씩 돈 버는 이야기를 늘어놓았다. 그러다가 내 통장을 들여다보면 이게 뭔가 싶었다.

매일같이 이런 일이 되풀이되다 보니 경제 방송에서 벗어나고 싶었다. 나아가 방송 일을 그만두고 싶었다. 그런데 현실적으로 쉽지 않았다. 대학교 다닐 때부터 아르바이트도 아시아TV에서 했고, 인턴 일을 한 데 역시 YTN 국제부였다. 사회 경력이라고는 방송 쪽밖에 없었다. 당연히 일반 기업으로 가기도 어려웠다.

그런데 경제 방송에서 일하면서 늘 보고 들어온 소리가 '어떻게 하면 돈을 많이 벌 수 있다' 아니었나. 나도 할 수 있을 것 같았다. 막연한 자신감이 생겼다. 그래서 과감하게 사표를 던졌다.

• 요즘 유튜브에서 폭발적인 인기 속에 〈신사임당〉 채널을 운
영 중이다. 구독자가 72만 명을 넘어선 것으로 안다. '제가 겪
은 자본주의 매뉴얼을 여러분과 공유하고자 합니다.' 소개말
도 아주 비장하다.

—— '손에 잡히(지 않)는 경제'

유튜브 채널을 시작한 것은, 사실 어떤 갈증 때문이었다. 답답한
마음이랄까. 이건 아닌데 싶은 아쉬움. 요컨대 워런 버핏이니 빌 게이
츠니 하는 사람들에 대한 이야기는 엄청나게 많다. 이들을 대상으로 직
간접적으로 쓰인 책이나 강연이 한두 가지가 아니다. 하지만 그건 지나
치게 하늘의 별 따는 이야기 아닌가? 우리나라에서, 우리나라 현실 속
에서 우리나라 방식으로 돈 번 사람들이 저자가 되고 인터뷰 대상이
되어야 하는 것 아닌가?

재테크 이야기를 해도 100억 원이니 200억 원이니, 웅장하게 4차
산업혁명이니 떠들어대지만, 실제로 우리가 바라고 꿈꾸는 것은 그 수
준의 금액이 아니다. 모 방송에서 〈손에 잡히는 경제〉라는 프로그램을
진행하고 있는데, 나는 그게 사실은 '손에 잡히지 않는 경제'라고 생각
한다. 그 정도도 사실 우리 같은 보통 사람들에게는 버거운 수준이다.

주언규 씨가 운영하는 유튜브 채널 〈신사임당〉의 섬네일 화면(2019년 1월 29일).

그야말로 손에 걸리고 발에 차이는 경제를 이야기해야 하지 않을까 하는 생각이 들었다. 그래야 우리 같은 사람들에게 다가설 수 있지 않을까. 방송국을 나오면서 생각한 게 바로 그거다. 내가 그런 채널을 만들어야겠다고 다짐했다.

시대가 바뀌었다. 옛날에 방송은 정치 산업이었다. 뜻이 있다고 한두 명이 시작할 수 있는 일이 아니었다. 그러나 지금은 1인 방송의 길이 활짝 열렸다. 콘텐츠가 문제일 뿐이다. 실제로 손에 걸리고 발에 차이는 경제 이야기를 해보자는 마음으로 시작한 게 〈신사임당〉 채널이다. 천만다행으로 반응이 좋은 편이다. 나로서는 퍽 고무적인 일이다.

• 방송사 PD를 하다가 유튜버가 된 부분은 이해할 수 있다. 그런데 쇼핑몰 운영자라니 잘 이해되지 않는다. 엄청나게 다른 분야 아닌가.

── 스튜디오로부터 시작된 인터넷 쇼핑몰

아까도 이야기했지만 처음에는 스튜디오를 했다. 쇼핑몰은 ㄱ 이후다. 마침 MCN(Multi Channel Network, 다중 채널 네트워크) 시장이 열리고 SBS의 모바일 방송 '모비딕' 등이 쏟아지던 때였다. 한마디로 스튜디오를 이용해야 하는 경우가 많아질 분위기였다. 다시 말해 스튜디오 사업이 유망할 것으로 보였다. 아시겠지만 영상 제작자들에게는 스튜디오를 섭외하는 게 가장 큰 일 가운데 하나다. 가격도 비싸고, 공간을 빌리기도 쉽지 않다.

나로서는 호재인 것이, 마침 그즈음 들어 부동산 경기가 안 좋아지면서 빈 사무실이 적지 않았다. 스튜디오 차릴 장소를 구하는 처지에선 여간 다행스러운 상황이 아니었다. 게다가 스튜디오라는 곳은 거의 예약제로 운영되지 않나. 도심지가 아니라 조금 외곽으로 나가도 괜찮고, 승강기만 있으면 5층이든 6층이든 크게 상관없었다. 이런 여러 가지 조건 덕분에 임대료 걱정을 줄일 수 있었다.

스튜디오를 차리고 다양한 방식으로 마케팅을 해 나갔다. 인터넷의 키워드 광고에 '○○종편 인기 프로그램 ○○○○을 촬영한 곳'

'SBS 인기가요 팀이 촬영한 장소' 등등의 소개 문구를 넣어가면서.

• 말을 끊어서 미안한데, 애초에 질문은 '방송국을 그만두고 어
  쩌다가 갑자기 연관성도 없는 쇼핑몰을 운영하게 되었느냐'
  였다. 스튜디오가 아니라.

기다려봐라. 이제 바로 그 이야기가 나온다. 스튜디오에서 촬영하
는 데 사용하는 갖가지 소품들이 있지 않나. 이런 소품은 몇 개를 준비
해 놓고 번갈아서 쓰는 게 아니라 새로운 작업을 시작할 때마다 분위
기에 맞춰서 한 개 두 개 계속 사 들이는 방식으로 준비된다. 그런데 나
중에는 이게 처치 곤란한 지경이 된다. 사진 몇 번 찍었을 뿐, 손때도
안 탄 완전 새 물건들이 그냥 쓰레기가 되는 거다. '이걸 그냥 썩히느니
되팔면 어떨까' 하는 생각이 들었다. 인터넷에 올리고 팔아보자. 그렇
게 쇼핑몰에까지 생각이 미쳤다.

또 하나, 인터넷 쇼핑몰들도 상품을 촬영하러 종종 스튜디오를 찾
아온다. 패션·뷰티 쇼핑몰로 유명한 〈스타일 난다〉처럼 메이저 업체
도 종종 찾아와 작업을 하는데, 사진을 찍으려고 가져온 상품들을 보니
또 욕심이 생겼다. 저런 물건들이 인터넷에서 몇천 개씩 팔리는구나.
나도 한번 해볼까. 그래서 아내에게 단도직입적으로 물었다. "여보, 우
리도 인터넷 쇼핑몰 한번 해볼까?"

• 시작이 흥미롭다. 그래서 대박의 길에 들어섰나?

대박은 무슨. 쪽박이었다. 처음에는 고생스럽기만 했다. 정말 엄청 힘들었다. 아이가 어려서 겸사겸사 장난감 쇼핑몰을 시작했는데, 인증 문제에 걸렸다. 전혀 생각해보지 않은 문제였다. 그래서 1차로 사 들였던 물건을 죄다 폐기해야만 했다. 다음으로는 여름철을 앞두고 물놀이용 튜브를 아이템으로 잡았다. 그런데 이번에는 상표권에 걸렸다. 그래서 들어온 물건들을 모두 폐기할 수밖에 없었다.

• 좀 찬찬히 알아보고 준비하지 그랬나.

어쨌거나 거기서 포기할 수는 없었다. 다음 아이템을 궁리했다. 뭘할까, 뭘 팔아보면 좋을까 끊임없이 고민했다. 그러던 차에 우연히 접한 뉴스가 있었다. '신축 아파트 입주 물량 사상 최대'라는 뉴스였다. 기회구나 싶었다. 입주 물량이 많다니, 새 아파트로 이사 가는 사람들이 많다는 이야기 아닌가. 새로 집을 꾸미거나 새로 이사한 곳에 집들이 가는 사람들이 많다면, 아무래도 인테리어용품 같은 게 더 많이 팔리지 않을까 싶었다.

그렇게 해서 결정하고 준비해서 시작한 새 아이템이 바로 인테리어 소품이었다. 스튜디오의 촬영 소품을 마련할 겸 겸사겸사 해보기로 했다.

• 괜찮은 아이디어 같다. 드디어 대박 신화가 시작되는 건가?

쪽박 신화가 이어졌다. 생각과 달리 잘 안 팔리지 않았다. 주문이 예상했던 수준의 반의 반도 들어오지 않았다.

• 또 무슨 문제가 있었기에……?

문제가 한두 가지 아니었다. 인테리어 소품이란 게 그 종류가 굉장히 다양하지 않나. 그걸 죄다 취급할 수는 없는 일이다. 상품을 몇 종골라야 하는데, 거기 엄청나게 집중했다. 팔릴 물건 한 가지를 결정하느라 엄청난 에너지를 소비한 것이다.

예를 들어, '산호로 만든 장식품'이란 카테고리가 눈에 들어왔다. 그러면 산호 장식품 가운데 몇 가지 물건을 선택하기까지 엄청나게 고민한다. 뭘 어떻게 고민해야 하는지도 잘 모르는 채 말이다. 몇 주 만에 결정된 산호 장식을 스튜디오로 가져온다. 그것을 온갖 정성을 들여서, 작품 사진 찍듯 기가 막히게 노력해서 사진을 찍는다. 그중 고심해서 고른 사진을 인터넷 쇼핑몰에 올린다. 그러기까지 소모되는 시간이며 노동량이며 에너지가 이만저만한 게 아니었다.

그런데 도무지 안 팔렸다. 기운이 빠졌다. 왜 안 팔릴까? 아무리 고민해도 그 이유를 알 수 없었다. 그렇게 실패했다. 그렇게 두어 번 말아먹었다. 그러고 나니 상품을 정성 들여 갖은 노력을 기울여 고르고 사진 찍고 할 기운이 안 났다. 에너지를 헛되이 소비할 생각에 미리부터 진이 빠졌다. 처음에는 진짜 그렇게 고생만 한 것 같다. 진짜 더럽게 안 됐다.

결론적으로 나중에, 한참 뒤에야 쇼핑몰 노하우에 어렵사리 눈을 떴다. 중학교 동창 한 명에게 내가 발견한 비법을 전수해준 적이 있다. 그 친구는 인터넷 쇼핑몰을 시작한 지 7~8개월 됐는데 순이익을 1,000만 원 넘게 남겼다. 지금 1,500만~1,600만 원 정도 된다고 한다. 나는 그런 노하우를 가르쳐주는 사람도 없었다. 혼자서 생으로 고생했다. 그러느라 처음 1년은 매출이 1,000만 원도 채 안 됐다. 참 눈물 나는 이야기다.

- 1년 동안 매출이 1,000만 원도 안 나왔다고? 이익이 아니라 매출이?

그렇다. 마이너스인 달도 많았다. 마이너스라 봤자 50만~60만 원 정도였지만.

- 마이너스라니. 팔 물건을 사 들였는데 안 팔린 건가?

바로 그거다.

- 안 팔린 물건들은 어떻게 처리했나?

아낌없이 줬다. 스튜디오에 오는 손님들한테 나눠주기도 하고, 친구들에게 생일 선물로도 줬다.

• 마음 아픈 이야기다.

처음에는 그랬다. 별수 없었다. 아무것도 몰랐으니까. 어떻게 해야 하는 건지, 어떻게 해야 잘 팔리고 돈을 벌 수 있는 건지 방법을 몰랐다. 정말 맨땅에 헤딩하면서 그 시간을 건너왔다. 망한 아이템이 한두 개가 아니다.

• 왜 망했을까? 잘 팔릴 것 같은 물건을 고민 끝에 선정한 것 아닌가? 어째서 매번 생각과는 다른 결과가 나왔을까? 지금 와서 돌이켜보면 뭔가 해답을 찾았을 것 같다.

제품을 선정하고 갖추는 데 에너지를 너무 많이 쏟았다. 그게 하나의 패착일 수 있다. 상아 장식품을 예로 들어보자. 직접 보았을 때는 너무 좋아 보였다. 이 정도면 누구라도 구입하고 싶어 하지 않을까 하는 자신감이 생겼다. 그런데 사진을 찍어서 인터넷 쇼핑몰의 상세 페이지에 올리면, 이게 애매해 보였다. 플라스틱인지 상아인지 모조품인지 모니터 화면으로는 전혀 분간할 수 없었다. 상아 제품은 단면에 미세한 실금 같은 게 있는데, 그런 세세한 부분을 사진에 담아내는 게 쉽지 않았다. 눈으로 확인하고 손으로 만져봐야 제품의 진정한 가치를 알 수 있다는 것을 미처 생각하지 못했다. 상품의 가치가 뛰어난데도 인터넷 쇼핑몰에서는 그 부분이 제대로 설명되지 않아서 소비자들에게 외면당했던 것이다. 실용성이 문제일까 생각해보기도 했다. 상아 장식품은 작품적인 가치가 뛰어나지만 실용적 측면에서는 사실 내세울 게 없었다. 게다가 작품적 가치마저 100프로 전달되지 않았다.

원목 도마 같은 아이템을 취급한 것은 그래서였다. 도마는 실용적으로 사용할 수 있는 물건이기도 하고, 주방 인테리어에도 이용할 수 있으니 승산이 있으리라 봤다. 그런 판단에 원목 도마 가운데 좋아 보이는 제품을 몇 종류 선별했다. 그런데 그것 역시 생각만큼 나가지 않았다. 실망스러운 수준이었다.

• 도대체 비결이 뭔가, 안 팔리는 비결이?

뭐가 팔릴지 모른다는 점. 뭐가 대박 상품이 될지 처음에는 더더욱 알 수 없다는 점. 결국은 그게 문제다. 하지만 상품의 질만은 언제나 자신이 있었다. 소비자에게 질 좋은 제품을 선보이기 위해 신경 썼다. 문제라면 질 좋은 제품이라고 해서 다 잘 팔리는 건 아니라는 점이다. 어느 정도 수준 이상의 상품 가운데 어떤 아이템이 대박을 칠지, 그걸 예측하는 것은 정말 힘든 일이다.

- 실패한 이야기, 망했던 사연은 이 정도로 마무리하고, 이제 반전 이야기를 해보자.

방식을 근본적으로 바꾸었다. 제품을 고를 때, 상품의 특징에 집중하는 게 아니라 상품의 질에 집중했다. 이런 기준으로 상품을 보고 일정 수준을 만족시킨다면 고민하지 않고 판매하기 시작했다. 판단과 분석은 잠시 보류하고 덮어두었다. 그 대신에 하루에 한 가지씩 꾸준히 업데이트해 나가기 시작했다.

- 소비자의 반응을 먼저 살핀 것인가?

── 드디어 리드 타임을 붙들다

비슷하다. 예를 들어, 인도네시아가 원산지인 제품을 판매할 때, 예전 같으면 '나만 잘하면 잘될 것'이라는 믿음을 갖고 모든 시간과 에너지를 전부 쏟아부었을 것이다. 2만 원에 팔 물건을, 인도네시아가 아니라 링깃으로 파는 말레이시아에 가서 200원에 떼어오는 지극 정성까지 발휘하면서 말이다. 뭐 일단 팔리면 100배니까 승산이 있다고 봤다. 하지만 안 팔리면 전혀 소용없는 거 아닌가? 상황을 반대로 뒤집었다. 아이템 선정이 끝나면, 그냥 어디건 손쉽게 구할 수 있는 데서 최대한 빨리 구해 왔다. 그러고는 개당 얼마가 남건 하나도 안 남건, 일단 팔아봤다. 그러다 보면 어느 순간 빛이 보였다. 한 아이템이 단시간에 10개 팔리는 리드 타임이 찾아오는 것이다. 아, 그래? 이 물건이 그렇다고? 그럼 그때부터 정식으로 그 물건에 대해 연구했다. 원산지가 어딘지, 가격은 어디 공장이 더 저렴한지, 물류는 어떤 방식이 유리한지 온갖 데이터를 수집하고 분석하기 시작했다. 앞뒤가 완전히 뒤바뀐 것이다.

• 리드 타임? 그게 뭔가?

일반적으로 신상품을 올리면 요컨대 10개를 파는데 한 달 정도 걸린다고 했을 때, 새로 뭔가를 올렸는데 갑자기 하루 만에 10개가 넘게 나갔다고 하자. 그게 리드 타임이다. 그 순간 리드 타임이 온 거다. 그때부터 비상등이 켜진다. 처음에 상품을 선보일 때는 마진 계산도 정확하게 하지 않았다. 하지만 리드 타임에 이르면 신경을 팍팍 썼다. 상세 페이지를 수정하고, 광고 전략을 수립하고, 재고 관리나 가격 정책을 마련하는 등 그제야 전력을 다했다.

그런데 재미있는 것이 리드 타임을 맞으며 뭔가 팔리겠다고 확신하는 순간, 망할 수도 있다. 그때부터 시간, 인력, 돈이 크게 들어가는데 그에 비해 결과가 나오지 않으면 그만 주저앉고 만다. 물론 경우에 따라서는 자본이 충분하다면 더 힘차게 밀어붙여서 끝내 대박 상품을 만들어낼 수도 있다. 물론 그러다가 더 크게 말아먹을 수도 있고.

• 대략적인 기준이 있을 것 아닌가. 아이템 10개를 쇼핑몰에 올렸을 때, 몇 퍼센트가 팔리면 성공으로 보는가?

한 30~40%?

• 그럼 60%는 뭔가? 아예 안 팔리는 물건들인가?

그것들도 팔리긴 팔린다. 아무래도 공들여서 고르고 고른, 어느 정도 질이 뒷받침되는 제품들이니까. 그런데 가뭄에 콩 나듯 한두 개 팔리다 말고 하는 경우가 대부분이다. 사진을 새로 찍고, 상세 페이지를 수정하고, 광고하고 모든 에너지를 쏟아부을 만한 상품은 아니라고 할 수 있다.

계산해보자. 지금 쇼핑몰에 상품이 400개 정도 올라가 있다. 오늘이 1일이고 이 상태에서 하루에 하나씩 새로운 아이템을 올린다고 해보자. 월말이 되면 상품 숫자가 30개 늘어나 430개가 된다. 이것들을 팔린 대로 석차를 매긴다. 새로운 제품들이 들어오면서 아무래도 월초와 비교하면 등수에 변화가 있을 것이다. 그 석차를 기준으로 430개 가운데 401등부터 430등까지 뒤에서 30등을 잘라낸다. 그 상품들은 더 이상 사 들이지 않고 판매에 신경 쓰지도 않는다. 그렇게 재고로 남으면, 프리마켓에 팔거나 오프라인 매장에 방문한 손님에게 반의 반값 세일을 한다. 그럼 결국 다 소진되고 재고도 안 남는다. 왜냐하면 초기 물량이 6개, 7개나 10개 정도에 불과하기 때문이다.

• 그렇게나 조금씩?

그렇다. 엄청나게 적은 양이다. 많이 준비할 필요가 없다. 어차피 테스트하는 거니까.

• 조금씩 테스트한다. 드디어 대박의 비결이 등장하는 건가?

아직 멀었다. 이게 맞는 방법이라고 단언할 수는 없다. 나는 이런 식으로 했지만 그렇지 않은 사람도 많다. 쇼핑몰업계에 나처럼 감각이 별로인 사람만 있는 건 아닐 테니까. 성공률이 믿지 못할 만큼 높은 사람도 많다. 그런 사람이 하는 쇼핑몰은 당연히 대박이 날 수밖에 없다. 내 말은, 평범한 사람이라면 일단 처음은 그렇게 시작하는 게 맞지 않 겠나 하는 이야기다. 안전하게, 조금씩, 나의 감을 믿지 말고 고객이 진 정 원하는 게 뭔지 하나씩 테스트하면서 그 차이를 좁히는 방식으로.

• 쇼핑몰을 2017년부터 운영했다. 첫 달 수입은 얼마였나?

첫 달? 0원이었다. 몇 달 지난 뒤에야 한 달에 겨우 몇십만 원 벌었 다. 2017년 한 해를 통틀어 200만 원 정도 번 것 같다.

• 그런데 끝까지 운영했다. 접어도 몇 번은 접을 법한 수준 아 닌가?

버틸 수 있는 비결이 있다.

• 그 비결이 뭔가?

들어가는 돈이 적으면 된다. 적은 돈으로 계속 도전하다 보면 언젠 가는 터질 때가 있다. 그때까지 버티는 것. 그게 비결이다.

스튜디오를 하면서 쇼핑몰 운영자들을 많이 만났다. 개중에는 제 법 인지도 있고 잘나가는 쇼핑몰 운영자도 있었는데, 이야기를 나눠보면 다들 근심 걱정이 많았다. "이번 상품은 다행히 중박 정도를 쳤지만, 이거 끝나면 어떡할지 고민이에요. 지난달에도 매출이 떨어졌는데……"

이렇게 엄살인지 자랑인지 모를 이야기를 듣고 있노라면 여러 가지를 깨닫게 된다. '이렇게 큰 쇼핑몰도 그렇구나. 대박 나는 상품을 매번 내놓는 건 아니구나.' '이런 전문가들도 대박 상품을 쉽게 못 찾아 고민이니, 내가 헤매는 것도 이상할 게 없지.' '내가 크게 잘못하고 있는 게 아니었어. 내 안목이 형편없어서 이 모양인가 했는데, 문제는 아니었어.'

힘내서 다양하게 방법을 찾아보기로 마음을 다졌다. 사실 스튜디오도 처음에는 매달 200만 원 정도 적자가 났다. 그러나 여러 방향으로 노력한 끝에 흑자로 돌아섰다. 쇼핑몰도 결국은 방법을 찾았다. 그때부터 잘되기 시작했다.

• 귀가 번쩍 트인다! 도대체 무슨 방법인가?

트래픽을 늘리는 것이다. 인터넷 쇼핑몰에 들어오는 사람을 늘리는 것. 키워드 광고, 배너 광고, 블로그 포스팅, 인스타그램 등등 길은 다양하다.

• 죄다 돈 드는 방법 아닌가?

여기에도 특별한 노하우가 있다. 그런데 말로 설명하기가 좀 어렵다. 혹시 게임 〈디아블로2〉를 해봤나?

• 물론이다.

그럼 이해하기 쉬울 것이다. 〈디아블로2〉 아이템을 보자. 유니크 아이템 말고 레어 아이템 같은 경우, 앞뒤에 접두사 접미어가 붙으면서 하나의 아이템이 만들어진다. 이런 방식으로 아이템 가짓수를 엄청나게 늘릴 수 있다. 아이템이 무한대로 늘어나는 것이다. 그런 방식으로 키워드 광고를 구상했다. '사람들이 확장할 수 있는 키워드는 무한하다'는 점에 주목했다.

예를 들면, 내가 운영하는 A 스튜디오를 홍보하려면, 'A렌털스튜디오'에 접두사 지역명을 넣거나 뒤에 '견적'이나 '비교 추천' 같은 접미사를 넣는다. 나는 엑셀 프로그램을 활용했다. 중심 키워드를 기반으로 접두사와 접미사를 200~300가지 만든 다음에 마구 섞었다. 그러면 우리가 상상할 수 있는 것보다 훨씬 많은 경우의 수가, 다시 말해 키워드 숫자가 나온다. 그렇게 답을 찾아갔다. 자신감이 생겼다.

'인터넷 쇼핑몰을 운영해서 성공하는 사람도 있고 실패하는 사람도 있다. 나라고 성공하는 사람들 축에 끼지 못하리라는 법이 있을까.'

그런 자신감을 한 번도 잃어본 적이 없다. 그리고 이를 현실로 증명해 보였다.

• 사업 초기에 가장 어려웠던 점은 무엇이었나?

육아가 가장 힘들었다. 아내가 직장 생활을 해서 내가 아이를 도맡다시피 돌보며 쇼핑몰을 꾸려 나갔다. 아기를 업은 채 남대문시장을 휩쓸고 다니기도 했다. 수익이 거의 없던 때였다. 어떻게든 비용을 줄여보려고 벼룩시장이나 교차로 같은 생활정보지를 날짜가 지난 것까지 모으러 다녔다. 그렇게 마포구를 다 뒤지고 다녔다. '뽁뽁이'라 불리는 완충제 살 돈 아끼려고. 지금 생각하면 미련한 짓이다.

어쨌거나 노력을 많이 했다. 힘들 때면 방송국 PD로 일하던 때를 떠올렸다. '그래도 개인사업 하는 지금이 그 시절보다는 행복하잖아. 안 그래?' 수익 한 푼 못 내는 주제에 그렇게 애써 자신을 다독이기도 했다.

돌이켜보면, 이 바닥도 쉬운 일은 하나도 없었다. 거칠고 짜증 나기로는 방송국 못지않았다. 쇼핑몰을 열고 실제 판매를 시작하면서 처음으로 CS를 하던 무렵의 일이다. 전화로 배송 상담을 하고 하자 신고 접수를 받았다. 한번은 전화를 딱 받자마자 욕부터 튀어나왔다. 콜센터 직원 등 감정노동자의 정신적 스트레스가 얼마나 끔찍한지 실감할 수 있었다.

"거기 ○○ 맞아요?"

"예, 맞습니다. 무슨 일이시죠?"

"아 이 씨○ 새끼야, 이걸 포장이라고 해서 보낸 거야? 장난해?"

말문이 막혔다. 꾹 참고 대꾸했다.

"고객님, 무슨 일 때문에 그러시죠?"

"물건이 다 깨졌잖아. 이걸 어디에 쓰라고. 당장 환불해놔, 이 개○
끼아!"

그렇게 거침없이 막 나가는 사람들이 적지 않았다.

- 어딜 가나 그런 사람들이 있는 모양이다. 그럴 때 어떻게 반
  응했나?

"아, 정말 죄송합니다. 다치신 데는 없으세요? 저희가 바로 교환
처리해드리겠습니다." 지금 같으면 이런 식으로 처리할 것이다. 그게
올바른 CS다. 쇼핑몰을 제대로 운영하기 위해서 꼭 필요한 요령이다.
그런데 그때는 누가 그런 걸 가르쳐주지도 않았고 경험도 없었다. 그래
서 그냥 감정대로 내질렀다.

- 어떻게 했나?

맞받아서 마구 욕을 했다. 그렇게 하면 절대 안 된다. 진심이다. 쇼

쇼핑몰 사업에서 피드백은 엄청나게 중요한 부분이다. 이쪽으로 연락해서 불만을 이야기하는 사람이 한 명 있으면 보이지 않는 곳에 똑같은 불만을 가진 사람이 수백 명 있다는 것, 그 절반의 불만을 가진 사람이 수천 명 있다는 것을 명심해야 한다. CS에 임할 때는 주인 정신을 가져야 한다. 아니, 마더 테레사의 마음으로 고객을 상대해야 한다. 다른 쇼핑몰에서는 다들 그렇게 하고 있다. 따라서 전화를 걸어온 고객이 내게 기대하는 CS 수준도 그 정도다. 거기 맞춰야 한다. 고객을 만족시켜야 결국 내가 만족할 수 있다. 두말할 필요 없는 진리다.

- 정리해보겠다. 2017년 우여곡절 끝에 인터넷 쇼핑몰을 창업하고는 1년에 200만 원 수익을 올리다가 이후 단 2년 만에 8000만 원으로 수익을 40배가량 끌어올렸다. 핵심 비결이 있다면?

지속 가능한 환경을, 지속 가능성을 만들어낸 것이다. 다시 말해, 신상품을 쇼핑몰에 계속 업로드하는 작업에 대한 부담감, 즉 스트레스를 줄인 것이다. 그게 비결 아닐까 싶다.

방송 쪽 예를 들어보면, 선배 중 정말 기사를 못 쓰는 사람이 있었다. 뭐 사람에 따라서는 절대적인 능력치가 다르기 마련이니까 충분히 이해할 수 있는 일이다. 무슨 말을 하려는 것인가 하면, 그 선배도 계속해서 기사를 쓰다 보면 어느 날엔가는 '트래픽 터지는 기사'가 나오곤 하더라는 것이다.

인생은 한 방이라기보다 한 방 얻어걸리는 것이다. 얻어걸릴 때까지 버티는 놈이 이긴다. 얻어걸릴 때까지 못 버티면 지는 것이다. 인터넷 쇼핑몰도 마찬가지다. 최대한 연구하고 노력하되, 버티고 기다리는 자세가 중요하다. 얻어걸릴 확률을 높이는 것도 물론 중요하다. 그러나 신이 아닌 이상 누구도 100프로를 만들 수는 없다. 지속 가능성을 만드는 것이 무엇보다 중요하다.

• 아까 '회복 가능 수준의 자본 투자'라는 말을 했다. 자세히 설명해달라.

역시 비슷한 이야기다. 나에게 지금 100억 원이 있다고 가정해보자. 그렇다면 1,000만 원짜리 사업을 매일 시도해도 될 것이다. 그러나 내게 지금 1,000만 원이 있다면? 10만 원밖에 없다면?

자본이 적으면 적은 수준에 맞게 그 정도 수준으로도 감당할 수 있는 시도를 계속 해 나가야 한다. 시도 횟수가 무한대로 이어져도 내 삶과 사업에 지장 없는 수준까지 투입 비용을 낮춰야 한다. 그래야 사업을 지속하는 것에 대한 두려움을 없앨 수 있다. 그래야 더욱 명징한 판단력 아래 사업을 꾸준히 이어갈 수 있다. 그래야 얻어걸릴 확률을 어느 정도 바라볼 수 있다. 그러려면 투입되는 비용을 최대한 낮춰야 한다.

• 그런데 10만 원밖에 없을 때는 어떻게 해야 하나? 1,000만 원도 아니라 수중에 단돈 10만 원뿐이라면?

0원짜리 사업을 하면 된다.

• 0원짜리 사업이라니? 물건을 어떻게 사 오나?

중개만 하면 된다. 중개를 여러 건 해서 그중 괜찮은 물건을 발견하면 공장에 접촉해서 마진을 만들고, 그렇게 번 돈으로 물건을 구매하는 것이다.

—— 0원짜리 사업의 묘미

투자비용이 딱 100만 원 있다. 사실 10만 원이나 100만 원이나 마찬가지이지만, 나 같으면 100만 원이 있더라도 0원짜리 사업을 할 것 같다. 전 재산이 100만 원이라면 그걸 먹고사는 데 써야지 사업한다고 집어넣으면 어떡하나. 그게 아니라면, 요컨대 내가 직장인인데 통장에 남는 돈이 100만 원 있다면, 0원짜리 사업을 마음 편하게 할 수 있는 환경을 만들 것이다. 업무용 책상 의자를 좀 더 좋은 것으로 갖추고, 조명 스탠드 같은 것도 바꾸고, 컴퓨터도 100만 원 한도 내에서 가능한 한 최고 사양으로 맞추고. 그래야 일할 맛이 나지 않겠나. 사업은 한두 달하거나 1~2년 하는 게 아니다. 마음을 편하게 느긋하게 가져야 한다.

- 그러나 기본적으로 인터넷 쇼핑몰을 하려면 물건을 사 와야 될 거 아닌가?

그러니까 안 사고 중개한다는 거다. 처음에는.

- 어느 정도 환경이 되어야, 얼마 정도나 있어야 물건 사 들이는 사업을 시작할 수 있다고 보나?

물건을 사 들이는 사업은, 그럴 만한 돈이 매달 계속 들어오는 환경이 되었을 때 시작하면 된다. 100만 원 들어 있는 통장보다 잔액은 30만 원밖에 안 되지만 매달 5만 원씩 들어오는 통장이 훨씬 낫다. 그럼 매달 5만 원어치 물건을 살 수 있으니까. 그렇게 물건을 샀는데 안 팔리면 다음 달에 또 5만 원이 들어올 테니 한 달 날렸다고 생각하면 된다.

100만 원에서 멈춘 통장 속 100만 원은 별 의미가 없다. 그걸 물건을 구입하는 데 투입하면 까먹고 마는 경우밖에 없다. 유튜브 방송에서 이야기한 적 있지만, '500만 원이나 1억 원이나 마찬가지'다. 멈춰 있는 돈이라면 1억 원도 500만 원도 순식간에 까먹고 나면 그만이다. 하지만 매달 들어오는 돈이라면 이야기가 다르다. 500만 원이 매달 들어온다? 1억 원이 매달 들어온다? 그렇다면 그 달에 돈을 다 쏟아부어도 된다.

• 이제 좀 이해할 것 같다. 매달 다 날려도 되는 돈이라는 것. 고인 돈이라면 안 된다는 것.

이른바 고인 돈이 있다면 그것이 나쁜 조건일 리 없다. 다만 그 돈을 가지고 현금흐름을 만들어야 한다. 대단한 것은 아니지만 아파트 임대 사업이랍시고 시작해서 월세를 받게 된 것도 그런 부분 때문이었다. 그 아파트 월세가 50만 원이다. 덕분에 나는 매달 50만 원짜리 사업을 계속 시도할 수 있다. 최소한 망하지는 않는 것이다.

• 매달 없어져도 되는 돈!

그거다. 그런 돈을 만들어내는 게 중요하다. 없어져도 되는 돈이라기보다 매달 투자할 수 있고 그 투자가 실패해도 크게 무리가 가지 않는 돈이라는 표현이 적절하겠다.

• 그간 내가 잘못된 생각을 갖고 있었구나 싶다. 목돈을 만들어 사업할 게 아니라 매달 쓸 수 있는 돈 흐름을 만들고 사업을 해야 된다는 것을 알게 됐다.

그런데 이런 이야기가 방송에 나가고 책으로 나가면, 나한테 웃긴 다고 손가락질할 사람이 적지 않을 것 같아 걱정된다.

• 왜 손가락질을 하나? 나쁜 소리도 아닌데.

사실 나는 국내 인터넷 쇼핑몰 매출 규모 순위로 따져서 10만 등 안에도 못 든다. 그런 주제에 온갖 잘난 척, 아는 척은 다 하고 있으니 우습지 않나?

• 그 점은 걱정 안 해도 된다. 우리는 '쇼핑몰의 황태자'를 만나 려는 게 아니다. '새로 시작하는 사람들을 위해 서너 걸음 앞 에서 나아가는 사람'의 말을 들으려는 것이다. 1~2등은 못 만 들지만 20~30등은 만들 수 있는 공식. 쇼핑몰을 시작해서 상 처 받지 않는 노하우. 그런 것이 중요하다. 다시 한번 중간 정 리를 해보겠다. 운영 초반에 비하면 햇수로 3년 만인 지금 엄 청나게 수입이 늘어났다. 비결이 뭐라고 생각하나?

── 버티고 또 버티고, '슈퍼스타' 님이 등장하실 때까지

당연한 소리 같지만 슈퍼스타 상품들이 나오면서 쇼핑몰 수익이 늘 어나기 시작했다. 그런데 문제는 그런 슈퍼스타 상품이 무엇일지, 그것

이 언제 나타나줄지 알 수 없다는 점이다. 올 겨울에 등장할지 내년 여름에 찾아올지 예상조차 할 수 없다. 그러면 어떻게 해야 할까? 그때가 찾아올 때까지 버티고 있어야 한다. 꾸준하게. 묵묵하게. 흔들림 없이.

어떻게 버티냐고? 체력도 정신력도 아니다. 결국엔 돈이다. 내가 가진 돈이 수백억 원이면 간단한 일이다. 가진 돈을 술술 때려부어서 비싸고 좋은 상품을 계속 올리면 된다. 그게 아니라면, 비용 자체를 아주 낮게 잡고 사업을 계속 유지해야 한다. 내가 월 300만 원을 받는 봉급 생활자라면 부업으로 한 달에 2만~3만 원어치 물건을 사 들이는 식으로. 아예 돈을 안 쓰고 그냥 위탁하는 방법도 나쁘지 않다.

그런 식으로 계속 신상품을 올리며 살아 있는 쇼핑몰을 끌고 갈 힘을, 바탕을 만들어야 한다. 그러려면 돈이 필요하고, 시간이 필요하고, 마음의 여유가 필요하다. 요컨대 네트워크가 좋아서 유통 쪽 관계자와 좋은 계약 관계를 유지할 수 있다면, 그것은 아주 좋은 일이다. 이처럼 각자 가지고 있는 무기가 있다면 그것을 최대한 사용하는 것도 중요하다. 사업을 지속할 수 있는 힘을 계속 유지할 수 있어야 한다. 내가 지금 사용할 수 있는 돈이 1억 원 있다면, 물건을 1,000만 원어치 10번 사면 끝난다. 10개월 만에 끝날 수 있는 돈이다. 장사 좀 한다는 분들은 매달 1,000만 원씩 물건을 사 들인다. 1,000만 원씩 10번, 10개월 동안 슈퍼스타가 나오지 않는다면 1억 원짜리 사업도 그냥 망하는 거다.

그래서 물건이 팔리는지 안 팔리는지 테스트하는 것은 중요하다. 그러나 10개를 사서 테스트 하나, 5개를 사서 테스트 하나, 1,000개를 사서 테스트 하나 결과는 똑같다. 10개 샀을 때 다 팔리기까지 이틀이 걸렸다면, 1,000개 파는 데는 며칠이나 걸릴까? 공식을 몇 가지 대입해야 하지만 계산은 금방 나온다. 그에 맞춰서 현실적으로 운영할 수 있는 힘을 키워야 한다.

한마디로 이렇다. 지속 가능한 수준까지 욕심을 낮춰야 된다. 투입하는 양을, 그게 돈이든 시간이든 뭐든, 적절히 유지해야 한다. 그래야 계속 지속할 수 있다. 지속하면서 슈퍼스타가 나타날 때까지 기다릴 수 있어야 한다.

• 취준생들은 일자리 구하기가 힘들고 자영업자들은 돈 벌기 힘든 시대라고 한다.

솔직히 나는 인터넷 쇼핑몰 사업 경력이 5년도 되지 않은 중고 신인이다. 그럼에도 불구하고 한마디한다면, 예전 같은 고도 성장기였다면 나는 일찌감치 망했을 것이다. 그때는 누군가와 직접 만나 이야기를 하고 논의하고 싸우고 결정을 지어야 하는 시대였다. 더불어 신인들에게는 대중에게 접근할 수 있는 방법이 별로 주어지지 않던 시절이었다.

지금처럼 많은 사람들에게 가까이 빠르게 도달할 수 있는 방법이 여러 방면으로 열려 있는 시대는 여태 없었다. 좀 더 과장하자면, 역사상의 어느 권세 높은 왕도 이즈음의 우리들만큼 세계 여러 곳의 여러 사람들과 동시에 접촉하는 정도의 권력을 누려본 적이 없었다. 언어적,

지리적 한계가 그처럼 대단했다. 불과 몇십 년 전까지만 해도 그랬다.

예전의 싸이월드부터 이즈음에는 페이스북까지, 더불어 유튜브까지 대중에게 폭넓게 접근할 수 있는 통로가 얼마나 다양한가. 게다가 그 통로에 누구든 마음만 있으면 손쉽게 접근할 수 있는 시대다. 어떠한 자격 요건이나 면허도 요구하지 않는다. 게다가 비용도 크게 낮아졌다. 심지어 그 과정에서 경제적인 수입을 얻기도 한다. 내 유튜브의 구독자가 74만 명이다. 유튜브를 통해 내 메시지를 전달하면서 적지 않은 돈을 받고 있다.

• 생각해보면 굉장히 특이한 시대가 맞는 것 같다.

그래서 내가 가끔 하는 말이 있다. "지금이야말로 단군 이래 제일 돈 벌기 쉬운 시대 아닐까." 나 같이 아무것도 아닌 사람도 돈 벌기 좋은 시대가 아닌가, 생각한다.

돈을 벌려면 두 가지가 필수적이다. 지속 가능성. 그리고 트래픽. 지속 가능성은 앞에서 이야기했으니 트래픽에 대해 이야기해보자. 트래픽은, 무엇보다 많은 사람들을 만나는 일이다. 가능한 한 많은 사람들에게, 대중에게 접근할 수 있어야 한다.

옛날에는 개인이 트래픽을 만들 방법이 따로 없었다. 웬만한 사람들은 다 사정이 비슷했다. 손님 한 명 한 명을 데려올 방법도, 손님 한 명 한 명에게 찾아갈 방법도 없었다. 그런데 요즘은 누구든 그렇게 할 수 있다. 자격도 따지지 않는다. 옛날에는 어느 정도 자격을 가진 사람만 신문에 광고를 싣곤 했다. 광고 가격 또한 어마어마했다. 지금은 단돈 100원부터 광고할 수 있는 시대다. 대중을 상대로 자연스럽게 글을 올리고 메시지를 전달할 수 있는 시대다. 경우에 따라서는 그 행위로 수입을 올릴 수도 있는 시대다. 불과 10여 년 전만 해도 이런 모델은 없었다. 싸이월드나 세이클럽 등에 기껏해야 배너 광고를 올리는 정도가 다였다.

과거에 정보는 모두 그 바닥에 있는 사람들의 소유물이었다. 그들이 독점한 배타적 가치였다. 요즘은 어떠한가. 정보가 죄다 공개되어 있다. 그럴 수밖에 없는 게, 정보라는 것이 엄청나게 빠른 속도로 변하고 있기 때문이다. 그러니 정보를 독점하려고 해도 할 수 없다. 아니, 독점해봐야 보름 정도 지나면 의미 없는 것이 되고 만다. 차라리 공개해서 정보의 영향력을 넓히는 게 더 큰 이익이 된다. 그래서 누구에게 나 정보가 공개되고, 조금만 노력하면 손에 잡히는 정보들이 넘쳐나게 되었다. 그 앞에 어떻게 설 것인가 속도가 중요해졌다. 그렇게 시대가 변했다.

- 대중에게 접근하는 작업이건 정보를 수집하는 작업이건, 기 본적으로 컴퓨터에 능통해야 할 것 같다. 웹디자인이라든가.

그 부분 역시 돈 벌기 쉽게 변한 측면이 있다. 전문적인 컴퓨터 작 업을 위해, 옛날에는 요컨대 웹디자이너 등을 고용해야 했다. 그만큼 비용이 추가로 들어갔다. 그러나 요즘은 '크○' 같은 것을 쓰면 된다.

- 그게 뭔가?

── 부분고용 시스템

프리랜서 마켓 플랫폼이라고, 비슷한 업체가 몇 군데 있는 것으로 알고 있다. 그런 시스템을 잘 활용하면 비용도 시간도 크게 절약할 수 있다. 내가 컴퓨터를 잘하지 못해도 상관없다. 상품 등록도 요청만 하면 꽤 저렴한 비용으로 이용할 수 있다. 부분고용을 할 수 있다는 의미다.

오프라인에서는 고용이 비교적 비탄력적이지만, 온라인 마켓에서는 굉장히 탄력적인 노동 거래가 이뤄지고 있다. 가격 비용도 전에 비하면 상상할 수 없는 수준이 되었다. 요즘은 1시간 30분짜리 다큐멘터리 한 편 만드는 데 200여만 원, 광고 하나 만드는 데 30만~40만 원이면 가능하다. 세상이 그만큼 발전했고, 그만큼 사업하기 좋아졌다.

• 본인이 가진 핵심 비법이 뭐라고 생각하나? 쇼핑몰을 비롯해서 돈을 버는 비법이라면 무엇이든 이야기해달라.

무리하지 않는 것이다. 조금씩 씨를 뿌리는 것이다. 끊임없이 시도하는 것이다. 끊임없이 시도해도 나와 내 주변 사람들이 지치지 않을 정도의 수준을 유지하며 쉼 없이 시도하는 것이다. 지속 가능하냐 아니냐가 제일 중요하다. "계속할 수 있어? 이번에 진짜 열심히 하던데. 그렇게 내일도 할 수 있겠어? 내년에도 할 수 있겠어? 그러다가 나 원망 안 하겠어?" 직원들에게도 종종 그렇게 묻는다. 무리하지 말라는 의미다.

지속 가능한 식으로 진행하되 기댓값이 크다면 물론 유리할 것이다. 주사위의 눈은 1부터 6까지 있다. 한 번 던질 때마다 1원씩 내야 하는데 6이 나오면 내가 10원을 받는다. 그런 게임은 무조건 계속 해야 한다. 6이 나올 확률은 6분의 1이고 여섯 번 던질 때 들어가는 비용은 6원인데 기댓값은 10원이다. 한 번 터지면 무조건 할수록 이익이다. 내가 1원씩 계속 잃어도 언젠가는 다 찾기 마련이다. 하지만 6이 나올 때 5원을 받는다면? 그런 게임은 접어야 한다. 할수록 잃기 마련이다. 던

PART 04 - 체인저스, 반전!

질 때마다 드는 비용을 줄이든지 6이 나올 때 받는 보상을 키워야 한다. 그게 아니면 다른 길을 찾아야 한다.

• 인터넷 쇼핑몰 운영자들이 초창기에 흔히 범하는 실수나 착각이 있다면?

── 쓸데없는 데 목숨 걸지 말 것

열심히만 하면 잘될 거라고 생각하는 것, 미안하지만 그게 문제다. 중요한 것은 계속해서 좋은 상품을 찾고 그것을 올리는 것이다. 그렇게 해서 확률을 높이는 것이다.

열심히 하는 것은 좋은데, 사소한 것에 목숨 걸지 말았으면 한다. 예를 들어 택배 계약을 하는데 건당 3,000원이라는 견적을 받고는 망설인다. 그게 비싸다며 2,200원짜리를 찾으려고 엄청나게 노력한다. 그런데 그거 아껴서 뭐할 건데? 그런 거 궁리할 시간에 다른 중요한 고민을 하는 게 낫다. 택배를 조금 비싼 편의점에서 보내면 좀 어떤가. 몇 푼 손해 보면 좀 어떤가.

"인터넷 쇼핑몰을 이제 시작하려고 합니다. 택배 계약은 어떻게 해야 할지, 박스를 어디서 사야 좋을지 모르겠어요." 가끔 이런 질문을 받는다. 그냥 가까운 데서 처리하는 게 제일 좋다. 택배비가 3,500원이건 2,200원이건 큰 문제가 아니다. 그런 문제로 스트레스를 받지 마라.

그런 사소한 문제에 지나치게 신경 쓰는 건 실수고 잘못이다. 그런 것을 고민할 시간에 대신 제품에 대해 조금이라도 더 연구하는 게 좋다. 소비자가 보기에는 '거기서 거기인' 상품인데 그걸 대단한 슈퍼스타로 만들겠다고 마음먹는 것. 잘못 판단하는 것. 정작 문제는 그런 것이다.

사실 내가 가장 크게 후회하는 것도 바로 그 부분이다. 어린아이를 업고 다니면서 생활정보지를 수거하겠다고 쏘다녔던 것 말이다. 그 짓을 왜 했는지 모르겠다. 지금 생각해도 얼굴이 붉어진다. 차라리 완충제를 사고 그 정성을 제품 연구에 쏟았더라면 더 나은 결과가 나왔을 것이다. 열정을 다한다고 최고가 아니다. 올바른 곳을 향해 열정을 쏟을 필요가 있다.

- 새로운 상품을 선택해서 쇼핑몰에 올릴 때, 그 과정에도 명심해야 할 부분이 있을 것 같다.

온전히 자신이 선택하는 과정이다. 어떤 카테고리건 어떤 제품이건 나 혼자 판단해서 결정하고 선택할 자유가 있고 빠르고 유연하게 대처할 수 있다. 혼자 장사하는 사람이 가질 수 있는 유일한 장점이다. '자유'에 대한 이야기가 아니다. '빠르고 유연한 대처'에 대한 이야기다. 아니다 싶으면 빨리 손절하고 빨리 나올 수 있다는 것. 이 점을 명심해야 한다.

장사하고 쇼핑몰을 운영하려면 어디든 화살을 쏴야 한다. 그리고 과녁을 나에게 가장 잘 맞는 방향에 놓아야 한다. 상품을 계속 올리다 보니, 결국 어떤 상품이 딱 터졌다. 화살을 열심히 쐈더니 결국 어딘가의 과녁에 들어맞은 것이다. 그러면 어떻게 해야 할까? 과녁들을 그 방향에 세워야 한다. 되도록 많이 세워 확률을 높여야 한다. 상품 사진을 예쁘게 찍어서 카테고리의 상세 페이지에 업데이트하고 추가로 광고를 붙이고 사은품을 준비하는 등 마케팅 전략을 세워야 한다. 상품의 입출고도 두 배로 신경 써야 한다. 이처럼 딱 얻어걸린 화살의 방향에 맞춰 과녁을 계속 붙여 나가야 한다. 될 수 있는 대로 여러 개의 과녁을 다양하게 세우고 맞기를 기다려야 한다. 경쟁업자가 그 모습을 본다면 단박에 포기하고 싶은 마음이 들도록 해야 한다. 이 업체가 이 분야 전문이구나. 사은품을 이렇게 하니까 잘되는구나. 사진을 이렇게 잘 찍으니까 잘되는구나. 택배 단가가 이러니까 잘되는구나. 나는 힘들겠구나. 포기하고 싶은 이유를 만들어줘야 한다. 그래야 포기한다.

• 화살을 여러 발을 쏘아도 잘 맞지 않으면, 그런 경우에는 어떻게 하나?

한 발 한 발을 다 맞히려고 하는 게 문제다. 상품이 수영복이라면, 처음부터 사은품으로 내놓을 물건을 사 들이고 나아가 상세 페이지를 멋지게 찍기 위해 발리에 모델을 끌고 가는 사람이 있다. 처음 시작부터 그렇게 욕심을 부리는 사람들이 실제로 있다. 자본이 넘쳐나면 상관

자신만의 운영비법을 공유

없지만, 상품 하나 올리는데 그렇게 전부를 쏟아붓는 것은 너무 무모한 모험이다. 화살 한 발에 모든 걸 다 걸면 안 된다. 열 발이면 열 발을 다 쏘고 나서 결과물로 남은 과녁에 집중해야 한다.

• 운영하는 유튜브 동영상을 봤다. 가까운 친구에게 쇼핑몰 운 영 노하우를 전수하는 장면이 나왔다. 어떤 친구인가?

중학교 동창이다. 중학교 때 나는 교실 구석에서 만화 그리고 판타 지 소설 같은 거 쓰고 그럴 때 그 친구는 전교 회장이었다. 싸움도 잘하 고 공부도 잘했다. 그런데 그 친구가 직장 생활에 잘 적응하지 못했다. 큰 게임 회사에서 피파 온라인에 들어가는 호날두, 메시 얼굴을 디자인 하고 그랬다. 업무량도 과다하고 힘들고 재미도 없다더라. 만나서 그런

운영 비법을 전수받은 사람은 김정환 씨

이야기를 듣는데 죄다 내 이야기 같았다. 안쓰러웠다.

　피파 만들다가 그만두고 무슨 스타트업을 시작했다가 망하고, 작은 게임 회사에 재취업했다가 또 적응하지 못하고. 비트코인에 손대서 10분의 1 토막 나고 주식도 4분의 1 토막 나고. 그래서 그 친구에게 제안했다. "인터넷 쇼핑몰 해볼 생각 없냐. 내가 공짜로 가르쳐줄게."

　좋다고 하더라. 그렇게 시작해서 지금은 꽤 먹고살 만해졌다.

　• 초기 투자 비용은 얼마였고 판매 상품은 뭐였나?

　초기 투자비용은 0원이었다. 그 친구 통장에 몇백만 원 정도 있었지만 그건 손도 못 대게 했다. 아까 말했듯 몇백만 원이나 0원이나 똑같으니까.

처음 판매한 것은 의류용품이었다. 스포츠 의류였다. 초기에는 매출이 20만~30만 원 정도 됐다. 중개 형식으로 공장에서 나가는 방식이었다. 아까 언급했지만 공장에서 생산하는 물건을 상품 등록하고 판매되면 공장에서 출고하는 방식 말이다. 내가 그 공장 사장을 친구에게 소개해줬다.

상품 수가 늘어나고 어느 정도 수익이 생기니 두 번째 쇼핑몰을 열었다. 또 다른 친구를 통해 청소용품을 다뤘다. 이것도 우여곡절 끝에 성공했다.

지금은 세 번째 쇼핑몰을 자체 몰 형식으로 만들었다. 앞서 배우고 익힌 노하우를 응용해 사입하고 브랜드 만들고 자기 로고를 박아서 판매하기 시작했다. 세 번째 쇼핑몰이 가장 커졌다. 자기 브랜드가 담겼으니 애착도 더 크고 신경도 더 많이 쓰이지 않을까. 요즘은 순이익이 매월 1,500만 원 정도 된다고 들었다.

- 몸소 힘들게 얻어낸 노하우를 친구에게, 나아가 유튜브에 아낌없이 공유하는 이유가 무엇인가?

시대가 엄청나게 변하고 있다. 말했지만 내가 가진 정보를 공개함으로써 얻을 수 있는 이익이 그 정보를 꽁꽁 싸매고 있을 때의 이익보다 더 큰 시절이다. 내가 유튜브를 통해 전달하는 정보라는 것도 사실 누구나 노력하면 다 알 수 있는 것들이 대부분이다. 나는 그저 조금 앞선 선배로서 그것을 정리해서 알려줄 뿐이다. 다만 이것들이 세상에서 유일한 정답이라고 오해할까 봐 그것이 제일 걱정스럽다.

많은 사람들이 최대한 덜 실수하고 최대한 잘 벌었으면 좋겠다. 내가 제공하는 정보를 통해 누군가 조금이라도 도움을 받는다면, 나 역시 즐겁고 뿌듯하고 행복한 일이 될 것이다.

• 마지막 질문이다. 정확히 10년 후 계획이 있다면?

현재 수준보다 근로 시간의 양을 확연히 줄이는 것, 가족과 함께 보내는 시간을 더 늘리는 것, 여행과 공연 등 문화 생활을 즐기면서도 노후 걱정 없이 사는 것이다. 이런 조건을 만족하면서도 사회와 단절되거나 도태되지 않을 정도의 인간관계를 유지하며, 아이에게 아버지로서의 바른 역할을 하고, 아내에게 의미 있는 남편으로서 역할을 하는 것이다. 너무 거창한가?

기회는 해결되지 않은 문제를
찾고 푸는 것이다

———

김동호 한국신용데이터 대표

한국신용데이터 대표를 맡고 있는 김동호(34)다. 캐시노트 서비스
를 제공하고 있다.

• 첫 번째 창업을 시작한 시기가 2011년 초였다.

스마트폰이 막 나오고 얼마 되지 않은 때였다. 그때 오픈서베이라
는 회사를 만들었다. 간단한 의문에서 시작한 사업이었다. '이 좋은 스
마트폰을 전 국민이, 온 세상 사람들이 다 쓰게 될 날이 머지않았다. 이

의 자막: 김동호 32 / 자영업 매출 관리 스타트업 / 제가 접근하는 방식은 / 이 산업의 과거에 있었던 일들을 조사합니다

김동호 한국신용데이터 대표.

걸 가지고 어떤 일을 할 수 있을까? 소비자조사나 사회여론조사 같은 것을 스마트폰 기반으로 해볼 수 있지 않을까?'

지금 운영하고 있는 한국신용데이터를 시작한 것은 2016년 봄이다. 오픈서베이 대표 자리에서 물러나 쉬고 있을 때였다. 금융 영역에서, 특히 사업자 영역에서 이런저런 문제들을 스마트폰 서비스로 잘 풀어볼 수 있을 것 같았다. 그런 가능성을 따라가며 시작했다.

• 어떠한 사업 구조인지 설명 부탁드린다.

회사가 제공하는 것은 캐시노트라는 서비스다. 오프라인 가게 운영자들이 매장을 관리하고 경영을 관리하기 위해 이용할 수 있는 소프

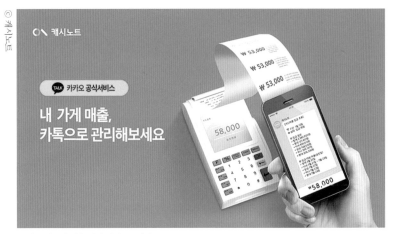

소상공인들의 매출 관리 서비스 '캐시노트'.

트웨어다. 서비스의 독특한 특징 중 하나는 별도의 모바일앱을 설치하지 않고도 카카오톡에서 친구 추가를 하면 곧바로 서비스를 이용할 수 있다는 점이다. 이런 간편성 덕분에 굉장히 빠르게 확산됐고, 2019년 현재 전국 35만 곳가량의 매장이 우리 서비스를 이용해서 경영 관리를 하고 있다.

업주로선 매일 확인해야 하는, 번거롭지만 꼭 필요한 일들을 자동화해주는 서비스라고 생각하면 쉬울 것 같다. 우리나라는 특히 소매점의 경우 카드 매출 비중이 무척 높은데, 카드 매출이 언제 얼마나 들어오는지 점주들이 잘 모르는 편이다. 뿐만 아니라 경영에 있어 꽤 중요한 카드 매출 분석도 잘 되지 않고 있다.

그런데 캐시노트 서비스를 사용하면 이야기가 달라진다. '어제 매

출이 얼마였다' 정도가 아니다. '어제 우리 가게를 찾은 손님이 100명 인데, 그중 몇 명이 신규 고객이며 몇 명이 재방문 고객인지', '주변 상 권에서 동종업체의 평균 재방문 고객 비율이 30%던데 우리 가게는 얼 마나 되는지' 등등의 세밀한 분석 수치까지 쉽게 확인할 수 있다. 당연 히 점주들이 좋아할 수밖에 없다. 그 외에도 각종 마케팅과 세금 신고 등 여러 가지 업무를 우리 서비스를 통해 해결할 수 있다.

- 처음 창업할 때 나이가 어떻게 됐고, 당시에 어떤 일을 하고 있었나?

굉장히 어린 나이에 창업했다. 병역특례를 받고 산업기능요원으로 근무했고 복무가 끝나자마자 바로 창업했다. 만 스물네 살 때다. 정확히 말하면 휴학생 신분이었다. 4학년 1학기까지 대학에 다니다가 대체복무를 위해 휴학했고, 복무를 마치면 학교로 돌아가 남들처럼 졸업과 취업을 준비할 계획이었다. 군복무를 시작할 때만 해도 그럴 생각이었다.

병역특례로 복무하던 중 스마트폰이라는 신세계를 경험하게 됐다. 여기 기회가 있겠다 싶었다. 기다릴 것도 없이 복학 대신 창업을 신택했다.

• 두려움은 없었나? 4학년 2학기라면 다른 친구들은 이력서를 쓰고 면접을 보고 한창 취업을 준비하고 있었을 텐데.

두려움이 전혀 없었다면 거짓말이겠지. 그러나 실패해도 크게 잃는 게 없다는 마음이었던 것 같다. 그때만 해도 법인 설립에 드는 최소 자본금 요건이 많이 완화된 때였다.

2000년 초반이었으면 법인 설립 자본금이 최소 5,000만 원 정도는 필요했을 것이다. 20대 초중반 학생이 준비하기엔 굉장히 힘든 금액이다. 그런데 내가 창업하던 2011년에는 최소 자본금 요건이 없어져서 훨씬 더 작은 자본금으로 일을 시작할 수 있었다. 동업하기로 한 친구들 몇 명이 몇백만 원씩 모아서 2,000만 원 정도를 만들고, 그 돈으로 처음 회사를 시작했다. 재무적으로 큰 리스크를 두려워할 상황은 아니었다는 이야기다.

• 회사 대표에게 직원이란 어떤 존재일까?

회사란, 요컨대 명확하게 정의되어 있는 문제가 있고, 그 문제를 풀기 위한 임시 조직이라고 생각한다. 법인이라고 해봐야 평생 가는 게 아니고, 결국은 같은 목적을 위해 모여든 사람들의 이익집단인 것이다. 회사 대표에게 직원이란 결국 그런 의미의 동료일 뿐이다. 내가 생각하고 지시하는 대로 따르는, 회사의 규칙과 움직임에 따라가는 대상이 아니다. 우리가 풀고자 하는 문제를 나눠서 함께 푸는 동료 관계다.

물론 책임이라는 측면에서, 더 많은 권한을 갖고 있는 사람이 더 많은 책임을 져야 한다는 생각은 하고 있다.

• 직원을 채용할 때 어떤 부분을 제일 중요하게 보는가. 과거 기업들의 경우 충성도나 친화력 등에 중점을 두었다.

업체마다 업종마다 다를 수 있다. 우리는 기본적으로 소프트웨어를 기반으로 한 서비스 비즈니스, 일종의 전문가 집단이다. 결국 문제를 나눠서 풀 사람들이 필요하다. 우리가 풀어야 할 문제 가운데 현재 내부 인력으로 못 푸는 문제가 무엇인지, 그 문제를 풀어 나갈 역량을 가진 사람인지가 가장 중요한 채용 기준일 것이다. 회사로서 특정 문제

영역을 책임지고 풀어낼 전문가를 원하지 않을 수 없다.

충성도를 말했는데, 내게는 다소 생소한 키워드다. 잘 아는 것처럼 요새는 대기업이라고 해도 평생직장이라는 개념이 없지 않은가. 회사 구성원과 회사는 어디까지나 임시적인 관계다. 회사가 구성원에게 기대하는 부분, 그리고 구성원이 회사로부터 얻고 싶은 부분이 명확하게 서로 상호 교환될 때 그 관계가 유지될 수 있다.

열성 문제에 대한 생각도 약간 차이가 있다. 어떤 회사, 어떤 업무는 정말 열심히 열정을 갖고 여러 날 밤을 새워가며 일해야 하고, 그렇게 하면 풀리는 문제도 있을 것이다. 반면에 한국신용데이터에서 풀려는 문제들은 책상에 오래 앉아 있거나 근무 시간을 무작정 늘린다고 해서 효과적으로 해결해낼 수 있는 문제가 아니다. 열정이 중요하지 않다는 것은 아니지만, 밤을 새워서라도 뭔가 해내겠다는 각오만으로는 풀 수 없는 분야다. 그렇기에 계속해서 전문성이라는 키워드를 강조하는 것이다.

> • 대표로서 어떤 목표를 가지고 있는가? 구체적으로 얼마를 벌고 싶다던가.

창업하고 조직을 꾸려 나가면서 '얼마를 벌어야겠다'는 목표를 가져본 적은 없는 것 같다. 주로 고민해온 것은 크게 두 가지 목표였다. 첫 번째는 우리가 고객들의 문제를 얼마나 다양하게 발견하고 또 풀어내서 그 가치를 고객들에게 전달할 수 있느냐 하는 것이고, 두 번째는 함께 문제를 풀어가는 동료들과 얼마나 건강한 관계를 이어 나갈 수 있느냐 하는 것이다.

첫 번째와 두 번째 목표 전부 매출을 어느 정도 올리느냐 하는 부분과는 크게 상관없는 이야기다. 물론 회사의 매출은 결국 회사가 누군가의 어떠한 문제를 풀어줬을 때 그 빈도와 가치 정도에 비례해 발생한다고 볼 수도 있다. 우리 회사가 현재 30만~40만 개 정도 되는 사업장들의 문제를 두세 가지 풀어주고 있다고 할 때, 향후 2~3년 뒤 100만 개 넘는 사업장들의 문제를 10가지 이상을 풀어준다면 재무적으로 수천억 원 이상의 매출이 이어질 수 있을 것이다. 어쨌거나 목표와 성공의 지표를 결정할 때, '어느 정도 매출이면 우리가 충분한 정도의 성과를 거둔 것 같다' 하는 기준치는 정해두지 않았다.

- 어떤 경영자, 어떤 대표가 좋은 경영자, 좋은 대표라고 생각하는가?

기준은 여러 가지가 있을 것이다. 그중 하나를 꼽아야 한다면 '성과를 내는 경영자, 성과를 내는 대표'가 좋은 경영자, 좋은 대표라고 믿는다.

경영자, 대표가 성과를 낸다는 것은 대표 한 사람이 천재적이고 능력이 출중해서 혼자 이끌어가며 모든 것들을 처음부터 끝까지 다 해내야 한다는 의미는 아니다. 조직이 커질수록 경영자의 역할 가운데 중요해지는 것 중 한 가지는 선택의 문제라고 생각한다. 이제부터 왼쪽으로 갈 것인가 아니면 오른쪽으로 갈 것인가? 직원 투표로 정할 일은 분명 아니다. 그에 대한 의사결정과 그 의사결정에 대한 책임을 지고 조직을 성공으로 이끄는 대표가 진정 좋은 대표다. 아주 어려운 부분이다. 나 역시도 이 같은 의사결정 문제 때문에 여전히 애를 먹고 있다.

일반적으로 '쉬운 문제'는 수면 위로 떠오르지 않는다. 쉬운 문제들은 대체로 '어려운 문제'가 풀리면 뒤따라서 거의 자동적으로 해결되기 마련이다. 애매모호하고 전례 없고 까다롭고 의사결정이 버거운 '어려운 문제'들이 눈앞에 닥쳤을 때, 이를 피하지 않고 정면으로 나서서 해결해내고자 노력하는 것이야말로 좋은 경영자의 모습이라고 생각한다. 그리고 나 역시 그런 경영자가 되기 위해 노력 중이다.

• 뜬금없는 질문 하나 하겠다. 우리나라 산업화 1세대, 현대와 삼성과 LG 같은 재벌 기업의 창업주와 한국신용데이터라는 신생 IT 산업체를 운영하는 자신을 비교했을 때, 어떤 점이 가장 다르다고 생각하는가?

엄청난 질문이다. 산업화 세대, 50~60년 전 대선배들이 기업을 일으켜 세웠던 환경과 이즈음 환경 사이에는 굉장히 큰 차이가 있다. 그들은 경부고속도로를 깔아낸 분들이고, 우리는 그 경부고속도로를 오가며 사업하는 사람들이다. 요구되는 자질과 그로 인한 성취의 성격들 또한 굉장히 다르다. 선배들의 경우, 아무것도 없는 땅 위에 길을 내고 건물을 올리는 것이 핵심이었다면 우리는 인공위성에서 세밀하게 찍어 보내는 지도가 갖춰져 있는 상태에서 여기와 저기, 필요와 필요를 효율적으로 연결해내는 것이 핵심에 가까울 것이다.

회사를 바라보는 관점 또한 굉장히 다르다. 선배 기업가들은 회사와 당신을 한몸처럼 동일시했다. 반면에 나는 '회사와 나는 다르다'고 생각한다. 아까도 말했지만 회사는 같은 문제를 나눠서 풀기 위한 특수 목적의 조직, 임시 조직이다. 법적으로도 주식회사라는 법인체와 김동호라는 개인의 인격체가 다르듯 말이다.

• 회사를 누군가에게 물려준다는 표현이 좀 이상하지만, 먼 미래 언젠가 회사의 대표 자리에서 물러난다면 '다음 대표는 어떤 사람이 좋을 것 같다'고 생각한 적 있는가?

계속 되풀이되는 이야기이지만 우리 회사는 문제를 풀어내는 집단이다. 풀고자 하는 문제가 명확하게 존재하는 집단이다. 우리 조직을 대표할 사람은 우리의 문제를 가장 잘 풀어낼 수 있는 인물이어야 한다. 결국 전문가여야 된다. '누군가에게 물려준다'는 개념으로 접근해서는 집단의 존속조차 어려워질 수 있다고 생각한다.

• 회사가 엄청나게 성장한다면, 훗날 2세에게 물려주고 싶은 마음이 생기지 않을까?

두 가지를 나눠서 볼 필요가 있다. 주주로서의 권리를 물려주는 것은 이른바 상속 개념이고, 경영권을 물려주는 것은 엄연히 다른 이야기다. 전자의 경우, 일부 그렇게 할 수도 있을 것 같다. 자산적인 측면에서 회사 주주로서의 권리와 책임들을 누군가에게 물려줄 수도 있을 것이다. 어떤 식으로 물려주는 게 가장 좋은 방법일지는 아직 심각하게 궁리해보지 않았지만 말이다.

회사를 경영하는 권한 측면에서 봤을 때, 우리 회사는 주식회사고 주식회사는 주주들이 주식 수에 비례해서 의사결정권을 행사한다. 회사를 가장 잘 운영할 수 있는 사람을 결정하는 일은 1차적으로 주주총회에서 이사 선임을 하고 이사회에서 대표이사를 선임하는 두 가지 과정에 걸쳐서 이뤄진다. 그런데 나 혼자 원한다고 이사 선임과 대표이사 선임을 할 수 있는가? 그렇지 않다. 나뿐 아니라 회사에 직간접적으로 시간과 돈을 투자하는 주주들 전체의 의사결정에 따라 경영 승계 문제가 다뤄지는 것이 당연한 일이다.

• 요즘 세상이 단군 이래 돈 벌기에 가장 좋은 세상이라고 생각하는가?

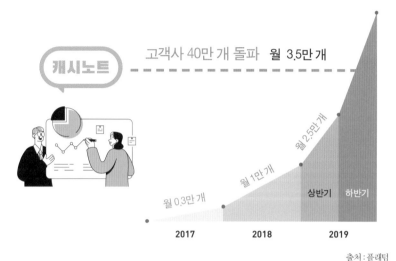

• 캐시노트 고객사 증가 추이

고객사 40만 개 돌파 **월 3.5만 개**

월 2.5만 개

월 1만 개

상반기 하반기

월 0.3만 개

2017　　**2018**　　**2019**

출처 : 플래텀

　　창업을 고려하고 사업을 시도해볼 만한, 아주 좋은 환경임은 분명하다. 내가 뭔가 새로운 시도를 하려는데 거기 투입되는 비용과 시간, 주변 인프라 등이 국가적으로나 사회적으로 얼마나 잘 뒷받침되는 환경인가. 이 같은 측면에서 봤을 때는 정말로 창업하기 좋은 세대다. 나도 그런 부분에서 아주 많은 수혜를 받았다.

　　그러나 창업은 사실 시작일 뿐이다. '사업체를 잘 유지하고 성장시켜가기에 요즘이 가장 좋은 시기냐' 하는 질문이 남을 것이다. '쉬운 시기 같은 건 한 번도 없었고 지금도 마찬가지'라는 게 내 대답이다. 우리 윗세대도 그랬고, 지금 세대도 마찬가지이며, 앞으로도 그럴 것이다.

'유지와 성장'은 언제나 똑같이 어려운 과제다. 다만 시작이 쉽다는 점, 시작하고 혹시나 충분히 성공적이지 못했을 때 '최소한의 안전망 역할'을 해주는 제도들이 있다는 점에서는 굉장히 조건이 좋은 시대임이 분명하다.

요컨대 소프트웨어 비즈니스를 시작한다고 했을 때, 20년 전을 생각해보면 클라우드 서비스도 없었고, 자본금 완화 조건도 없었다. 따라서 창업할 경우 최소한 5,000만 원의 초기 자본금이 필요할 뿐더러 이후 서버 구입비 등으로 1,000만 원 정도 드는 게 필수였다. 지금은 다르다. 적게는 500만 원이나 1,000만 원을 가지고 창업할 수 있는 데다 AWS나 KT유클라우드 같은 클라우드 서비스를 사용하면서 한 달에 몇십만 원 정도의 비용을 지불하면 충분히 업무를 해결할 수 있다. 초기 비용이 굉장히 낮아진 것이다.

두 번째로, 이런 것들도 어떻게 보면 선배 기업가들이 굉장히 많이 노력해서 바뀐 부분이라고 생각하는데, 연대보증이라는 것이 있지 않나. 요컨대 내가 창업해서 열심히 일했지만 잘 안 풀렸을 경우, 예전 같으면 신용불량자로 등록되면서 재기하는 것 자체가 굉장히 어려웠던 게 사실이다. 반면에 최근에는 특히나 정부의 자금, 정책 지원 등이 다양해지면서 그런 부분에서 압박이 좀 덜어진 것 같다. 최선을 다해서 노력했지만 실패했을 때, 과연 두 번째 기회가 나에게 주어질 수 있는가? 그 질문의 대답이 20~30년 전과 비교해 굉장히 많이 달라졌다. 물론 좋은 쪽으로.

• 단도직입적으로 묻고 싶다. 창업하면 돈을 쉽게 벌 수 있나?

창업한다고 연봉이 팍팍 올라가고 쉽게 돈을 벌 수 있는 건 물론 아니다. 다만, 회사의 업무상 대단히 어려운 문제를 만났을 때, 그리고 그 벽을 넘어섰을 때 그에 따라 경제적으로 큰 보상이 돌아오는 것만은 분명한 사실이다. 직장 생활을 할 때와는 다른 상황 아닌가. 직장에서 직원인 나에게 여러 가지 업무적인 문제들이 다가왔을 때, 그 벽을 훌륭히 넘어섰다고 곧장 수익이라는 보상이 주어지는 것은 아니니까.

이처럼 창업의 세계는 변동성이 굉장히 크지만 위로도 아래로도 가능성이 많이 열려 있다. 만약 우리가 충분히 좋은 문제를 못 찾아내거나 문제를 찾아내도 회사에서 그걸 못 풀어낸다면, 직장 생활자의 소득보다 못한 결과를 받아들여야 할 것이다. 반대로 우리가 시장에서 직면한 문제들, 우리가 목표로 하는 고객들의 문제를 효과적으로 해결해 준다면 당연히 직장 생활자 이상의 부가가치를 창출할 수 있을 것이다.

• 마지막 질문이다. 오늘날 대한민국에서 어떻게 하면 돈을 잘 벌 수 있을까? 많이. 쉽게.

어려운 질문이다. '많이, 쉽게'를 위한 직접적인 방법 같은 건 없다. 돈을 번다는 것은 창업을 하든 직장인으로 일하든 사실 문제 해결에 대한 보상이라고 생각한다. 직장인이라면 회사가 마주한 문제를 대신 풀어주는 것이고, 창업자라면 미래의 고객들이 부담해야 할 문제를 직접 풀어주는 일이다.

돈을 많이 벌려면, 누군가의 문제를 많이 풀어주면 된다. 그리고 돈을 쉽게 벌려면, 누군가의 문제를 쉽게 풀어주면 된다. 물론 쉬운 일은 아니다.

'그 만능키 같은 문제들이 도대체 어디에 숨어 있단 말인가?' 누군가 이렇게 묻는다면, 바로 그것이야말로 문제라고 대답하고 싶다. 아직 누구도 풀려는 시도조차 하지 않은, 당연히 해결되지 않은 시장의 문제를 찾아내는 것이 가장 중요한 시작점이다. 그렇게 해서 찾아낸 문제가 광범위할수록, 난해할수록 돈을 벌 기회는 커질 것이다. 앞서 언급한 것처럼 사회적인 패턴을 충분히 연구한다면, 그 가능성을 더욱 키울 수 있으리라 믿는다.

체인져스, 특명!
당신만의
인피니티스톤을 찾아라

세상을 향한 남다른 시각과 폭발적인 사업 아이디어로 상황을 변화시키고 자신을 변화시킨 주인공들. 혁신적인 서비스 개발로 개인적인 성공은 물론이요 사회에 선한 변화까지 불러일으킨 혁신가들 '체인져스'.

인터뷰를 진행하면서 저마다 독특하고 개성 강한 그들의 스토리를 관통하는 공통적인 흐름을 발견할 수 있었다. 그 줄거리는 대략 다음과 같다.

창업 이후 실패와 시련을 겪었고,

그러나 자신만의 기본을 지켜내며,

끊임없이 고민하고 분석하고 노력한 끝에,

비로소 자신만의 독창적인 비법을 터득해냈고,

이를 활용해 마침내 성공을 거둘 수 있었다는 사연들.

돈은 '누구나' 벌 수 있다. 하지만 '아무나' 벌 수 있는 것은 아니다. 누군가는 매출 1,000만 원을 만드는 데 1년도 넘게 걸려야 했다. 눈물 나는 시간이었다. 돈 버는 게 절대 쉬운 일이 아님을 구구절절 실감했다. 바로 유튜브 채널 〈신사임당〉 운영자 주언규 씨의 이야기다. 주변에서 창업을 꿈꾸고 구체적인 계획을 세우는 사람들을 볼 때마다 그는 늘 이런 말을 해준다고 했다.

"돈은 누구나 벌 수 있습니다. 여기서 '누구나'는 특별한 사람에게만 그런 자격이 주어지는 것은 아니라는 의미의 '누구나'에요. '아무나'라는 의미가 절대 아닙니다. '누구나'와 '아무나'는 명백하게 다르지요. 이것을 꼭 명심해야 합니다."

체인져스들은 강조한다. 창업에 성공하기 위해서는, 경제적 부를 이뤄내기 위해서는, 무엇보다 '자기 자신'에 집중해야 한다고. 자기 자신. 이 표현은, 위에서 언급한 '자신만의 독창적인 비법'으로 이해해도 좋을 것이다. 체인져스들의 독특하고 개성 강한 성공담을 관통하는 공통적인 흐름, '비로소 자신만의 독창적인 비법을 터득해냈고, 이를 활용해 마침내 성공을 거둘 수 있었다'는 사연 속의 바로 그 '비법' 말이다.

이쯤에서 영화 〈어벤져스〉의 '역대급 슈퍼 빌런' 타노스를 떠올려봐도 좋을 것이다. 타노스가 그토록 공들여 모은 인피니티스톤. 그리하

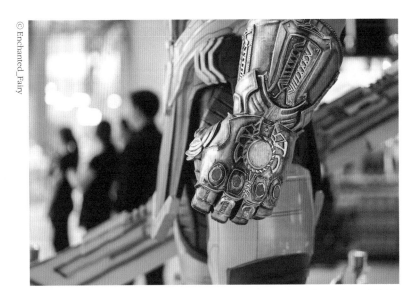

인피니티스톤이 박힌 타노스의 금장갑.

여 핑거스냅 한 번으로 발휘하던 그 가공할 위력을 생각해보자.

지금 당신은 어떠한 존재인가?

지금 당신은 어느 위치에 서 있는가?

지금 남들과 다른 당신만의 장점은 무엇인가?

지금 당신만이 가지고 있는 절대 무기는 무엇인가?

스타트업의 어벤져스가 되려는 당신, 어떤 종류의 인피니티스톤을 가지고 있는가?

단기 4354년, 자본주의 시대를 살아가는 단군의 후예. 오늘보다 나은 내일을 꿈꾸고 준비하는 당신은, 지금 자신을 빛나게 할 당신만의 특별한 인피니티스톤을 갖고 있는가? 그 인피니티스톤을 적극적으로 발견하고 또한 계발할 준비가 되었는가?

우리 시대를 앞장서서 걷고 있는 일곱 명의 체인저스들에게 그들만이 가지고 있는 인피니티스톤이 무엇인지 물어보았다. 그들의 대답 속에서 자신의 것으로 삼을 수 있는 무언가를 발견해낼 수 있다면, 그야말로 당신의 숨어 있는 능력이라 할 수 있을 것이다. 그야말로 당신만의 인피니티스톤으로 다듬어갈 원석이라 할 수 있겠다.

■ 내 관심사에 집중하는 힘

"어려운 질문이다. 결국은 자신의, 주변 사람들의 최대 관심사에 집중하는 힘 아닐까 싶다. 창업을 준비하면서 돌보미 사업 현황은 물론 여성의 경력 단절, 어린이집 대란, 방과 후 교육 등 무수한 관련 기사들을 꼼꼼히 읽고 추가로 리서치를 하는 데 아주 많은 시간과 노력을 들였다. 미래를 대비하기 위한 투자였고 공부였다. 관심사에 폭넓게 깊게 집중했기에 사업이 여기까지 올라올 수 있었다고 믿는다.

'내 관심사' = '내가 좋아하는 것'이라고 표현할 수도 있다. 내가 제일 많이 관심을 가지고 있는 것, 아울러 내가 제일 좋아하는 것이 무엇인지 알아야 한다. 그 분야에 폭넓게 깊게 집중하고, 자신이 제일 잘할 수 있는 방법으로 접근해야 한다. 그 분야에서 최고가 되어서 사업적으로 풀어낼 수 있어야 한다. 그러면 성공은 금세 따라오지 않을까?"

– 정지예 맘시터 대표

■ 오래 버티고 유지하는 균형감각

"한마디로 '버티는 능력'이다. 지치지 않고 꾸준히 계속 해 나갈 수 있는 힘을 균등하게 배분하는 것. 중간에 힘이 빠지지 않도록, 권태나 피로감이 발목을 잡지 않도록, 노력은 아끼지 않으면서 한편 너무 전력을 다하지 않고 요령껏 사업에서의 평상심을 유지하는 균형감각이다. 그리하여 언젠가 대박이 찾아오면 그것을 놓치지 않고 잡을 수 있는 능력이다. 선천적인 재능은 아니고, 그간 숱하게 망하고 파리 날리면서 배운 기술이라고 할 수 있겠다."

– 주언규 유튜브 채널 〈신사임당〉 운영자

■ 내 실수를 빠르게 인정하는 능력

"뭐라고 해야 하나. 나는 자기 반성이 잘 되는 사람이다. '내가 틀렸을 수도 있다' 고 늘 생각하는 사람이다. 누군가가 나의 것보다 나은 의견을 개진할 경우, 자존심 따위는 끼어들 틈도 없이 얼른 생각을 고쳐먹고 마음을 바꿔서 그 의견을 받아들인다.

이 과정에서는 물론 판단력이 중요하다. 나의 안과 직원이 제안한 안 중에서 어느 것이 옳고 어느 것이 그른지, 어느 것이 더 훌륭하고 실현 가능한지 빠르고 정확하게 판단할 수 있는 능력 말이다. 이때 판단

기준은 딱 두 가지다. 첫 번째, 우리가 추구해야 하는 가치에 어느 쪽이 더 부합하는가? 두 번째, 데이터로 그것을 증명해 보일 수 있는가?

마켓컬리의 성장 비결 역시 그렇게 요약할 수 있다. 다양한 능력을 가진 많은 이들과 함께 일할 수 있었던 것. 대표인 내가 미처 생각해내지 못한 좋은 의견들을 곁에서 엄청나게 많이 제시해주었던 것. 옳은 제안, 합당한 의견이라는 판단이 들면 빠르게 인정하고 업무에 활용했던 것.

제아무리 내가 힘주어 강조하는 중요 사안이라 해도 잘못된 부분이 지적되고 확인되면 빠르게 고칠 수 있는 성격이야말로 내가 가진 최고의 장점이라고 할 수 있다. 줏대 없어 보일 수도 있다. 대표로서의 카리스마를 유지하는 데 문제가 있어 보일 수도 있다. 사실 카리스마 같은 것은 없는 편이기도 하다. 그런 것 없어도 일을 해 나가는 데 별 문제가 되지 않는다고 생각한다. 조직이 바르게 갈 수 있는 길이라면, 어떠한 것이건 빨리 수정하고 따르지 않을 이유가 없다."

– 김슬아 마켓컬리 대표

■ 사람을 움직이는 진정성

"진정성이다. 회사를 운영하다 보면 늘 위기를 만날 수밖에 없다. 빠른 길을 가기 위해 무리하다 보면 헤매기도 쉽고 잘못된 행동을 저지르거나 좋지 않은 상황을 만날 수도 있다. 요컨대 어느 유능한 인재를 영입하고 싶은데 우리 회사가 가진 게 별로 없다고 가정해보자. 그럴 경우 나 자신이나 회사를 과장되게 포장할 수도 있다. 그러나 나는 절대 그런 짓을 하지 않는다. 거짓말이 필요할 때마다 반대로 아주 솔직하게 내 진심을 담아서 대화에 응한다.

'내가 가진 게 이거밖에 없습니다. 우리 회사도 업계에서 대충 이 정도 수준밖에 안 돼요. 아직 많이 부족하죠. 하지만 우리는 당신이 꼭 필요합니다. 함께 성장할 수 있을 겁니다.'

이럴 때마다 느끼는 것이 있다. 세상은 솔직하게 자신을 드러내고 이야기하는 사람을 쉽게 버리지 않더라는 사실이다. 생각보다 많은 사람이 손을 내밀어주더라는 사실이다.

회사가 투자 문제로 어려움을 겪을 때도 주변 사람들을 찾아가 내 솔직함을 보여주었다. 종이 한 장 내밀며 '최선을 다할 테니 투자 좀 해주십시오' 했다. 그 열정과 그 용기에, 무엇보다 그 솔직함에 생각보다 많은 분이 선뜻 투자에 나서주었다. 나에게는 엄청난 기회였다. 여기까지 회사를 이끌어올 수 있게 한 힘이었다.

어떤 상황이든 솔직해지자는 것. 거짓말 뒤에 숨지 말자는 것. 진정성만큼은 잃지 말자는 것. 사업을 떠나서도 삶의 철학으로 견지하고 싶은 가치관이다."

– 조정호 벤디스 대표

■ '불편과 필요의 패턴'을 읽어내는 눈

" '눈에 잘 안 보이는 것들을 눈에 보이게끔 전달하는 능력'이다. 회사를 만들고 성장시키는 과정에서 필요한 일들에는 어떤 것들이 있을까? 일단 미지의 고객들을 상정하고, 고객들의 문제를 찾아내고, 그 문제를 대신 풀어줘야 한다. 힘든 일이다. 처음에는 문제가 잘 보이지 않는다. 솔루션은 더더욱 보이지 않는다.

이런 상황에서 보이지 않는 것을 존재하는 무엇으로 상상해낼 수 있는 힘이 필요하다. 창업 초기일수록 아주 중요하게 염두에 두어야 하는 사안이다. 그렇다면 보이지 않는 것, 존재하지 않는 것을 어떻게 보이는 무엇, 존재하는 무엇으로 상상할 수 있을까? 하나, 불편함을 찾아내는 능력이 필요하다. 둘, 패턴을 읽어내는 눈이 필요하다. 이것이 궁극적인 나의 인피니티스톤이다.

예를 들어 '어떤 문제를 어떻게 풀어야 할까?' 고민한다면 자연스럽게 그 분야 산업의 과거와 관련된 모든 것들을 리서치한다. 그게 내 방식이다. 지금은 스마트폰 세상이지만 과거 인터넷이 처음 도입되었을 때 시대 변화는 어땠는가? PC통신이 처음 나왔을 때는 또 어땠는가? 컴퓨터가 처음 도입되었을 때는 과연 어땠는가? 그렇게 시간을 세로축으로 놓고 살펴가다 보면 문득 어떤 '불편과 필요의 패턴'이 눈에 보이게 된다.

1990년대 중후반, 인터넷을 이용한 사회여론 조사와 소비자 조사가 활발하게 진행되었던 적이 있다. 이 패턴을 본격적으로 참고해서 만든 것이 바로 오픈서베이, 스마트폰을 이용한 소비자 조사와 사회여론 조사 서비스다."

– 김동호 한국신용데이터 대표

■ 스트레스 받지 않는 능력

"잘 까먹는다. 그래서 스트레스를 덜 받는 편이다. 스트레스 관리를 잘하는 편이라는 소리를 종종 듣곤 한다. 그런데 아니다. 스스로를 돌아봤을 때, 나는 스트레스 자체를 별로 받지 않는 편에 가깝다. 동료들과 커뮤니케이션할 때도 솔직하게 모두 이야기하고, 이런저런 갈등 같은 것은 싹 잊어버리고 만다. 그런 식으로 뒤끝 안 남기고 계속 일을 진행하는 성격이다. 남과 다른 장점이라고 생각한다."

– 정범윤 다노 공동대표

■ 사람과 사건을 연결하는 순발력과 상상력

"나는 사실 엄청나게 똑똑한 사람은 아니다. 그런 것 같다. 다만 상상력은 제법 좋은 거 같다. 사람과 사람, 사건과 사건, 사람과 사건을 적절히 연결하는 능력이라고 하면 설명될지 모르겠다. 나아가 어떤 문제를 빨리 학습하고 서로 교집합을 만들고 연결해서 기회들을 창출하는 순발력. 그게 내 능력이라고 생각한다."

– 정유석 프레시코드 대표

■ 스트레스 컨트롤

"그날 있었던 좋지 않은 일, 기분 상했던 일들을 자고 일어나면 바로 까먹는 것? 내가 가진 유일한 장점이라면 아마 그것일 것이다. 스타트업을 이끌어가다 보면 엄청나게 많은 스트레스를 받는다. 그러지 않을 수 없다. 따라서 스트레스를 컨트롤하는 것이 엄청나게 어렵고 또 중요한 일이 된다. 그러나 술에 의지하기는 싫다. 다행히도 푹 자고 나면 그런 스트레스가 충분히 만족할 만큼 해소되는 편이다. 나 스스로 생각해도 아주 좋은 무기 같다."

– 송명근 올리브유니온 대표